같은 마음 우리 사랑 vs 다른 마음 끔찍한 우리 사랑

알콩달콩 속사정 프로젝트 10일

신권일 지음

신혼부부 | 부부관계 회복 | 청년결혼 예비학교 | 크리스챤 웨딩큐티

에듀지 에스피

조심스러움과 부끄러움 속에서 고민에 고민을 거듭하여 '알콩달콩 속사정 프로젝트 10일'을 내놓는다. 처음 구상부터 마지막 10장까지 약 2년여 정도 걸려 탈고를 하면서 기대감과 걱정이 교차한다.

사실 청춘남녀가 결혼을 하고 나서 서로의 다른 점을 이해하지 못하여 결혼 초반부터 대체적으로 어려움을 겪게 되는 경우가 많다. 이러한 문제에 그 년수를 더해 가면, 점점 불화로 이어지고, 심할 경우 아픔과 이별이라는 수순을 밟게 된다.

상담 현장에서 느끼는 부부의 갈등도 서로가 다름이라는 전제를 인정하지 않는 상태, 남녀의 생각이 동상이몽(同床異夢)이기 때문이다. '같은 자리에 함께 하고 있지만 서로 다른 생각을 한다.'는 의미처럼 바라고 느끼는 정서가 그렇게 다를 수가 없다는 것이다.

 무엇보다 부부간의 성에서 왜곡된 생각을 가지고 있는 사람은 본능과 죄책감이라는 사이에서 바라는 마음과는 다르게 행동하게 하고, 다른 한쪽에서는 불만만 쌓이고, 상대방 배우자가 자신을 멀리한다는 것처럼 거절감까지 느끼게 한다. 하나님께서 맺어 주신 부부는 하나님께서 주신 모든 선물을 받아 누려야 하는데, 경직된 사고는 본질을 왜곡해서 받아드림으로써 부부의 삶을 힘들게 한다.

 그래서 크리스찬을 위한 건강한 가정을 만들기 위해 어떤 방식으로든 풀어가는 것이 좋지 않을까? 하는 질문을 하게 된 것이고, 결국 문제해결을 위한 대안을 찾게 했으며, 그에 대한 대안을 제시하게 되었다.

 특히 결혼을 준비하는 청년들은 직장생활이나 여러 가지 바쁜 일정으로 따로 시간을 내기가 어렵기까지 하다. 그렇기 때문에 이 책은 그들 커플들을 위해서 10일 안에 끝낼 수 있게 했고, 신혼부부, 어느 정도 결혼생활을 하고 있는 중년부부도 서로를 알고 관계를 회복하고자 한다면, 그 문제를 해결할 수 있게 방법을 제시하고 있다. 또한 청년부, 새가정부(신혼부부 모임), 유사 관련된 기관을 맡고 있는 담당 교역자도 수련회나 소그룹 모임의 교육용으로 적용할 수 있게 했고, 남녀의 궁금한 부분이나 모르고 있었던 이성의 심리, 표현하는 방법 등 여러모로 도움이 될 수 있는 교재로 사용할 수 있게 했다.

'알콩달콩 속사정 프로젝트 10일'은 필자가 10가지 주제를 가지고 실제 있을 법한 내용을 다루고 있으며, 현장에서 경험한 상담 사례를 접하면서 깨달은 점과 문제해결을 통해 터득한 기법을 문제에 연결해서 속사정을 풀어갈 수 있게 했다. 그리고 서로가 달라서 겪을 수 있는 문제를 찾고, 이해, 수용하는 마음을 가질 수 있도록 풀어내는 방법을 제시한다.

'알콩달콩 속사정 프로젝트 10일'을 출판하는 시점에서 필자는 조심스럽고, 한편으로 설레는 마음을 가지고 말하고 싶다. 그것은 책의 내용을 읽고 자신과 상대방 이성을 이해 수용하고, 부부가 건강한 삶을 이어갈 수 있다면 그만한 보람이 없을 것이며, 부부 사이가 그 어떤 만남보다 아름답고 행복한 만남이 되고, 하나님께서 기뻐하시는 가족공동체가 될 것이라는 확신이다.

책을 마무리하기까지 긴 시간이라 하면 긴 시간이라 할 수 있다. 그 사이에 내 자신에게도 여러 교차하는 심정이 있었지만, 그 중 아내와의 갈등이 어디서부터 시작되었는지, 어떻게 갈등을 풀어가고 있었는지를 다시 돌아보고 앞으로 어떤 관계를 유지해야 하는가를 알아가는 과정이기도 했다. 이처럼 상담전문가인 필자가 자신을 다시 돌아보고 깨달을 수 있게 한 내용이라고 한다면, '알콩달콩 속사정 프로젝트 10일'을 읽는 독자들에게도 도움을 줄 수 있는 책이라고 감히 말하고 싶다.

그리고 마지막으로 감사의 마음을 전하고 싶다. 지금까지 함께 동행 하면서 필자를 위하여 기도와 지지를 아낌없이 보내준 아내에게 서문을 통하여 감사한 마음을 전하며, 무엇보다 에벤에셀 하나님, 부끄

러운 지식을 사용하게 하시고, 거룩한 가정으로 인도
하는 안내자로 흠 많은 필자를 사용하시는 주님께
감사와 영광을 돌린다.

책 사용법

'알콩달콩 속사정 프로젝트 10일'을 읽고 다음과 같이 풀어서 진행한다면, 각자 마음의 문제나 상대방을 이해하는데 효율적으로 적용할 수 있을 것이다.

첫째,
남녀가 서로 마주보고 앉아서 각 장 별로 읽는다. 소그룹 모임에서도 마찬가지로 약 20분 정도 읽고 충분히 이해하는 시간을 갖는다.

둘째,
내용을 읽고 요약정리해서 함께 나눈다. 연인 사이의 경우 서로 읽고 이해한 내용을 정리해서 설명하고, 소그룹도 같은 방식으로 각자 돌아가면서 자신이 이해한 내용을 요약 정리하여 이야기한다.

셋째,
생각 나누기에서 질문하는 내용에 따라 서로가 느낀 점을 전하고, 자신의 심정을 숨김없이 나누도록 한다.

넷째,
상대방의 마음이 느껴졌을 때, 그 마음을 만나주고 위로해주는 연습을 한다.

"자기가 그래서 그랬구나!"
"그렇구나!"
"자기의 마음이 느껴져!"

다섯째,
서로를 위한 기도를 하면서 마무리를 한다.

그리고 본 책은 다음과 같이 기관이나 개인과 관련된 분들이 활용하면 좋다.

- 웨딩큐티 10일
- 행복한 신혼부부를 위한 10일
- 부부관계 회복 10주
- 제자훈련 교재 10주
- 새가정부 그룹 스터디 10주
- 청년 결혼 예비학교 10주
- 가정의 달 설교 자료

CONTENTS

1장 자기는 내 사랑 콩깍지 | 21

2장 감정 이야기 | 37

3장 너와 나의 상처를 찾아서 | 47

4장 상처 보듬기 | 65

5장 부모님이 만들어 준 이미지 찾아가기 | 81

CONTENTS

6장   달라도 너무 달라 | 93

7장   들음은 소중한 사람에게 전하는
      사랑 메시지 | 111

8장   배우자는 엄마 아빠가 아니다 | 133

9장   남녀가 알고 있는 동상이몽 '성' | 147

10장 서로 돕는 배필(配匹) 그리고
      행복 두 배 | 161

DAY1

자기는 내 사랑 콩깍지

그러므로 사람이 부모를 떠나 그의 아내와 합하
여 그 둘이 한 육체가 될지니
(엡5:31)

자기는 내 사랑 콩깍지

내러티브

#1

민호는 친구를 만나기로 한 장소에 시간 맞춰 도착하려고 길을 재촉했다. 약속 장소로 가는 길에는 큰 도로를 가로질러 가야했는데, 급한 마음이다 보니 행단보도를 건너야 한다는 게 다른 때보다 번거롭게 느껴졌다. 파란불이 들어오기가 무섭게 민호는 행단보도를 다급하게 건넜다. 그리고는 무심코 자기 옆을 지나치는 여성을 바라보았다. 그런데 그 순간 이상하고도 묘한 감정으로 민호의 마음속에 그녀가 와 닿았다는 것을 알게 된다.

친구를 만나는 동안에도 여자사람 그녀에 대한 이미지가 뇌리에서 맴돌고 떠나지를 않았다. 민호는 자신에게 왜 이런 감정이 생기는지 알 수가 없었고, 그런 자신의 상태가 이상하기도 했다. 애써 지우려고 하면 할수록 그녀 이미지가 떠오르고 은근히 끌리는 마음까지 생겼다.

다음 날부터 민호는 무엇인가에 홀린 사람처럼 행단보도에 서서 그녀가 나타날 것이라는 기대감으로 한참 동안 서있게 된다. 하지만 그날 그녀는 나타나지 않았다.

민호는 어떻게 해서든지 구실을 만들어서 그 주변을 서성거리거나 지나다녔다. 며칠째 그 자리를 맴돌면서 언젠가는 그녀를 볼 수 있을 것이라는 생각에 행단보도를 건너고 또 건넜다.

그날도 저녁 즈음에 행단보도 앞에 서있었고, 그리고 기다린 보람이 있다고 드디어 그녀와 비슷한 모습을 한 사람이 저 멀리에서 걸어오고 있었다. 선뜻 보아도 그녀가 맞는 것 같았다. 그녀가 점점 다가왔다. 맞다. 그녀가 나타난 것이다. 가슴이 쿵쾅쿵쾅 얼굴은 달아오르고 어떻게 해야 할 지 잘 모르겠다.

지영은 길을 건넜다. 그런데 어떤 남자사람이 자신을 빤히 쳐다보는 것 같아서 부담스럽고 불편했다. 그냥 무심코 바라보았다고는 하지만 그게 왠지 자꾸 신경이 쓰인다. 집에 들어와서도 남자사람의 이미지가 머리에서 맴돌고 있다.

여러 날이 지나 지영은 다시 건널목 앞에 섰다. 그녀는 평상시 행동하던 대로 음악을 들으면서 길을 걸었다. 그런데 그 남자사람이 먼발치에서 자신을 계속 주시하고 있다. 순간 그녀는 '왜?' '혹시' 하면서 지나쳤고, 가던 길을 계속 걸었다. 그리고 혹시나 해서 뒤를 돌아보았는데 그 남자사람이 따라오고 있다. 불안하고, 걱정이 된다. 그러나 이상하리만치 내 마음에서는 은근히 그 남자사람이 싫지가 않았다.

며칠이 지나고 다시 그 행단보도를 건너고 있었고, 어김없이 남자사람이 따라 오고 있다.

횟수를 더해갈수록 지영은 그 남자사람이 어떤 사

람인지 점점 궁금해진다. 자신을 당황스럽게 하면서 불안하게 했던 남자사람이지만, 지금은 남자사람이 싫지가 않다. 은근히 자연스럽게 끌리기까지 한다.

지영은 늘 행동하던 대로 집을 향해서 걷고 있었다. 오늘도 어김없이 그 남자사람이 따라온다.

'만약에 남자사람이 좋아한다고 고백하면 어떻게 하지?'

'싫은 건 아니지만 처음부터 마음을 받아줄 수는 없지...'

드디어 남자사람이 말을 걸어왔다.

"저기여, 잠깐만요!"

"무슨 일 있으세요?"

지영은 아무렇지 않다는 듯 말을 건넸다.

"시간 좀 내 주세요. 드릴 말씀이 있거든요."

"집에 들어가야 돼요!"

"잠깐이면 돼요. 저 나쁜 사람 아니에요. 허락해 주세요."

 그렇게 민호와 지영은 만남이 시작되었다.
서로 만날수록 끌렸고, 지영은 민호의 행동이 무조건 맘에 드는 건 아니었지만, 그 정도는 감당할 수 있다고 생각했다. 아빠처럼 자신을 아껴주고 받아줄 것만 같았다. 단점은 사랑이라는 소중한 의미 안에서 해결할 수 있다고 생각했다.
 민호는 지영의 애교스러운 모습에 어쩔 줄 몰라 했고, 바라만 봐도 행복했다. 나에게 이런 행운이 찾아오다니 반드시 결혼을 할 것이고, 날 만난 것을 후회하지 않게 하리라고 다짐했다. 하지만 가끔 지영에게서 엄마의 이미지가 보인다. 그것도 내 단점을 정확하게 지적할 때는 너무나 비슷하다. 그래도 사랑하기 때문에 감당할 수 있다고 대수롭지 않게 넘겨버렸다.

민호와 지영의 만남은 이마고(이미지)에 의해 호감을 느끼면서 만남이 시작된 전형적 사례다. 이마고에 대한 설명은 다음 사례들을 읽고 난 다음에 다루고자 한다.

#2
다리를 쭉 뻗고 편안한 마음으로 채널을 돌리다가 우연히 '너의 목소리가 보여 5'에서 JYP엔터테인먼트 소속사 연예인들을 보게 된다. 2PM 우영과 백아현, 유빈 등이 우영의 진짜 친구 기환이를 찾아내는 장면이었다. 그런데 훅하고 마음에 들어오는 여자 연예인이 있었다. 사실 텔레비전 시청을 자주할 수 있는 형편이 아니기 때문에 그녀가 유빈이라는 것도 모르고 있었다. 더군다나 그 유명한 원더걸스의 멤버였다는 것도 그날 알게 되었다. 그런데 왜 유빈이 내 마음에 그렇게 강한 이미지로 다가왔는지 알 수가 없었다. 내 안에 이마고(이미지)가 어떤 표상으로 자리 잡고 있는 것일까? 하고 곰곰이 분석하기 시작했다. 유빈은 머리를 웨이브 파마하고 적당한 긴 머리에 립스틱을 새빨갛게 칠했는데, 약간의 자극적 이미지와 매혹적인 게 참 매력 있어 보였다. 왜 그럴까? 한편으로는 당황스럽기까지 했던 것도 사실이다. 하지만 이러한 감정이 어디에서 온 것인지 알고 싶었다.

그녀는 애교가 있어 보였고, 내 안에 바라던 이미지를 가진 그녀였다. 말하자면 필자의 어머니는 세련된 여성이 아니었지만 나의 어머니는 헌신적이고 따뜻하고, 인상 좋은 그냥 평범한 엄마였다. 여기서 엄마에게 바라던 세련된 모습을 그녀가 세련된 엄마가 되어 나타난 것이다. 그러면서 여성스러움, 어머니와 비슷한 모습(선하고, 따뜻한 그런 분위기)에 끌린 듯했다.

#3

필자는 서울 상경 이후, 여동생의 권유로 신림4동 00교회 청년부에 등록한다. 그러지 않아도 신앙생활을 하면서 조금은 외롭다는 생각이 들었는데, 마침 청년 모임이 어색하지 않았고 자연스럽게 청년부에 적응하게 되어 친구도 생기고, 형 동생 오빠하면서 청년부 활동의 중요성을 알게 되는 계기이기도 했다. 그리고 소그룹 활동은 신앙이 깊어가고 서로를 이해하면서 누군가를 소중하게 받아들이는 만남의 장이었다.

특히 이때는 청춘들의 만남이어서 그런지는 몰라도 서로에게 어울리는 배필을 찾고, 또 다른 면에서는 실연의 아픔을 뼈저리게 겪는 시기이기도 했다. 무엇보다 자신이 왜 그렇게 상대방 이성에게 끌리는지도 모르고 이성을 향한 연정은 감당하기 힘들 정도로 홍역을 치르게 하기도 한다. 훗날 필자도 아내에게 그렇게 끌리고 불같은 뜨거운 마음에 힘겨워했었는지를 나중에야 알게 되었다. 내 안에 있는 이마고가 그렇게 뜨거운 감정으로 활활 타오르게 했다는 것을 말이다.

당시 청년 모임을 토요일 오후 7시에 가졌다. 예배와 소그룹 모임, 다음에는 tea time 이었다.

그렇게 시간이 흘러 필자가 청년부 회장을 맡게 되었는데, 언제부턴가 자꾸 이상한 감정이 드는 거다. 정연이라는 후배가 서서히 옷자락에 스미는 물처럼 마음 밑에서부터 점점 차오르는 그런 느낌, 슬며시 밀려오는 감정의 따뜻한 물이 내 안에서 주체하지 못하고 벅차올랐다.

그녀가 금방이라도 문을 열고 들어올 것 같아서 내 눈은 그곳을 향하고 있었다. 늘 그랬다. 한 주가 너무 길기만 했다. 그렇게 간절함으로 애타했던 게 언제인가 할 정도로 그리운 마음이 깊어만 갔다.

찬양을 하면서 그 날도 변함없이 문을 바라보고 있었다.

'정연이가 왜 늦는 걸까? 들어올 때도 됐는데...'

'문이 열린다. 부드러운 미소가 퍼져간다. 그녀다!'

답답한 마음은 더욱 내 속을 짓누르고 어떻게 해야 할 지 난감하고 어렵기만 했다. 고민에 고민을 거듭했다. 어떻게 해야 마음을 잘 전할 수 있을까, 혹시 정연이가 거절하면 어쩌지 하면서 매일매일 힘겨운 날을 보내고 있었다.

그러다가 무슨 용기였는지 무턱대고 만나자 하고, 여성의 심정을 제대로 알지도 못하면서 느닷없이 고백하는 그런 과정을 거치게 되었다.

정연은 예고 없이 당하는 그런 거였다. 그때 아내는 당황스럽고 황당했다고 결혼 후에 말해줘서 알게 되었다.

당시 상황을 떠올려보면 집착이라고 할 정도로 정연을 포기할 수가 없었다. 그녀가 너무나 좋았고, 다시는 이런 여자가 없을 거라고 생각했다.

고백을 했다가 보기 좋게 딱지 맞고, 다시 기다렸다가 잊을만하면 다가가고, 주변 지인이란 지인은 모두 동원해보고, 내게 있는 장점 강점을 어떻게 해서든 보여주려 하고, 온 마음과 정성을 정연에게 기울였다. 결국 내 열정과 끈질김은 정연을 감동시키게 된다. 허니문을 활짝 열었고 아름다운 미래를 함께 할 것이라고 굳게 약속한다.

이해 도우미

위의 사례들을 읽으면서 남녀의 만남에는 그만한 이유가 있을지 모른다는 예상 정도는 했을 것이다. 그것은 자신이 좋아 하는 이성에 대한 '이미지'가 있는데, 이미지가 비슷한 대상에게 끌릴 수 있다는 '이마고' 이론이다. 말하자면 어떤 대상을 만나면서 낯설지 않은 상태 또는 마음속에 그려진 비슷한 그림, 일종의 느낌 같은 것을 말한다. '이마고'는 라틴어로 '이미지'이다.

태어나면서부터 가족들과의 관계를 통해 무의식적 원형이 만들어지는데, 이것을 '이마고(이미지)'라고 한다. 이렇게 만들어진 '이미지'는 다른 사람들과 관계를 맺으면서 자기 이미지와 비슷한 대상에 대하여 긍정적으로 보고 관심을 갖거나 부정적 대상으로 삼기도 한다. 이러한 태도는 다분히 주관적 경험에서 만들어진 '이미지'에 입각해서 상대방을 자신의 기준에 맞추기 때문이다. 자신이 주관적으로 경험한 내용(이미지)을 다른 대상에게 그대로 느끼고 이해하려고 하는 과정이라고 보면 된다.

 예를 들어, 아빠는 이미지가 부드럽고 자상한 사람이다. 하지만 딸은 아버지가 무뚝뚝한 사람처럼 느껴지고, 자신에게 무서운 인상을 남겼다면, 그녀의 아빠 이미지가 무섭고 무뚝뚝한 사람으로 남게 된다. 그러다가 아빠와 비슷한 사람을 만나게 되면, 그녀의 생각에 그가 무섭고 무뚝뚝한 사람으로 비쳐질 수 있다. 상대 남성이 아무리 자상하고, 배려심이 있는 대상이라고 할지라도 그 이미지를 바꾸기란 보통 힘든 일이 아니다. (신권일, 2017, 45-46, 어느 심리전문가의 좌충우돌 육아 이야기)

♥요약하기(내용을 요약해서 함께 나눠요.)

생각나누기

♥이 글을 읽고 느낀 점이 무엇인지 서로 이야기를
나눠요.

_____

_____

_____

_____

♥당신도 앞의 내용과 비슷한 경험을 하셨나요? 그렇다면 어떤 이미지에 이끌렸을까요? 함께 나눠봅시다.

_____

_____

_____

_____

DAY2
감 정 이 야 기

노하기를 더디하는 자는 용사보다 낫고 자기의 마음을 다스리는 자는 성을 빼앗는 자보다 나으니라(잠16:32)

감정이야기

인간의 뇌는 크게 세 개의 뇌로 구성되어 있다.

첫째는 뇌간이다. 생명을 유지하는데 필요한 부분으로 원시적인 뇌, 본능적인 뇌라고도 한다. 이 뇌간은 숨쉬기, 심장박동유지, 소화 등 기초적인 신진대사를 관장한다. 기질, 삶의 방식, 습관, 사고 등이 이에 포함된다.

둘째는 감정두뇌이다. 변연계라고 불리기도 하는데, 이 감정두뇌는 공포감, 두려움, 위험, 죽음, 슬픔 등을 인식하는 곳이다. 감정두뇌는 어린 시절 경험한 내용을 담고 있다가 때가 되면 지금 현재에도 계속해서 연결된다. 이로 인해서 상실감, 걱정, 아픔, 슬픔 등 그 당시 경험이 재연되어 힘들어 하거나 관련된 사건에 대하여 자유롭지 못하고 감정에 지배당하기도 한다.

예를 들어 아빠가 지적질을 잘하고, 비난하는 말을 자주 한다든지 강압적인 방법을 썼다면, 그 아들은 자기표현을 잘하지 못하거나, 거절감 때문에 상처를 받게 된다. 이렇게 되면 나중에 관계를 맺고 있는 친구, 지인 등 상대방으로부터 그 시절 느꼈던 비슷한 경험을 하게 된다면, 참을 수 없는 모멸감을 느끼거나 마음 아파하게 된다. 이처럼 감정두뇌는 지난 날 정서적인 감정상태를 기억하고 있다가 비슷한 상황과 연결하여 여러 가지 감정표현을 하게 한다.

셋째는 논리적 사고, 추상적 사고 등을 관장하는 대뇌피질이다. 보통 사고두뇌라고 하는데, 이 사고두뇌는 논리, 통찰력, 판단, 언어 등의 영역이다. 그래서 사고 두뇌는 자신과 타인 다른 상황에 대하여 평가하거나 객관적인 내용을 도출하고 비평한다.

이 세 가지 영역 중에 우리 마음을 강력하게 지배하는 것이 감정두뇌라고 할 수 있다. 감정두뇌는 정서적인 면에서 편도체의 영향을 많이 받는데, 편도체는 감정두뇌 그러니까 변연계에 포함되어 있는 구조의 일부이다. 아몬드 모양을 하고 있다고 해서 편도체라고도 한다. 그런데 이 편도체가 과거의 정서를 기억하게 하는 역할을 하며, 그 때 경험했던 공포, 위기감, 두려움, 슬픔 등 감정을 떠올리게 한다. 그래서 현재 그때의 감정과 비슷한 경험을 하게 되면서 감정으로 매몰되는 모습을 보이는 것이다. 가령, 누군가 말하는 모습이나 표정이 과거의 경험한 내용과 비슷하면, 분노, 슬픔, 거절감, 수치심 등으로 연결되어 감정적으로 불쾌하거나 주체할 수 없는 감정으로 빠져들게 하고 아파할 수 있는데, 이러한 정서적인 면을 떠올리게 하는 역할이 바로 편도체인 것이다.

다음 사례를 통해 감정두뇌가 어떤 역할을 하는지 더 쉽게 이해하게 될 것이다. 사고두뇌가 객관적으로 판단하고, 평가를 하면서 행동이나 판단에 영향을 주고, 균형을 잡으려고 하지만 감정적인 문제에 부딪히게 되면, 이성적인 행동을 못하고 과거의 경험에 사로잡히게 된다.

네러티브

진숙은 필자의 어린 시절 여자 친구다. 그러니까 우리 나이로 4~5세 정도 되었던 것으로 기억한다. 만 5세 이전이기 때문에 초기성장 과정에서 상당히 중요한 시기였다고 보면 된다.

그때 왜 그렇게 진숙이와 싸웠는지 모르겠다. 아마 그 아이 성격과 맞지 않았는지 함께 놀이를 하다가도 싸웠던 것 같다.

어느 날

그날도 평소와 다를 바 없이 친구들과 놀고 있었고, 날씨가 상당히 추웠던 것으로 기억한다. 자주 싸웠던 진숙이도 함께 어울리고 있었는데, 먼저 내가 뭐라고 한 것 같다. 티격태격 하다가 진숙이가 느닷없이 내 어깨를 물었다. 그만 그 자리에서 아프기도 했지만 당황한 나머지 '으앙'하고 눈물을 터트렸다. 이 광경을 지켜보고 있던 이모가 달려와서 진숙을 혼냈고, 이모는 물린 어깨를 보면서 걱정스러운 표정으로 안아주고 달랬다.

그 다음부터 필자는 진숙이를 볼 때마다 더욱 '으르렁' 거렸고, 외할머니에게 뺨을 맞은 날, 잊을 수 없는 그날도 진숙이가 외할머니 집에 왔고, 나는 소리를 지르면서 가라고 외쳤다. 외할머니는 무슨 영문인지 몹시 당황스러워하면서 나를 달랬다. 하지만 앙금이 남아있던 나는 진숙을 용서할 수 없었다. 막무가내로 나가라고 소리 소리를 질렀다. 그런데 그때 잊을 수 없는 일이 벌어졌다. 인자하고 사랑 많은 외할머니가 어떻게 할 수가 없었는지 내 뺨을 찰싹찰싹 두 대를 때렸다. 단 한 번도 외할머니에게 맞지 않았는데, 그분이 나를 때린 것이다. 하지만 외할머니가 내 뺨을 때린 일에 너무도 속상하고 아팠다는 생각보다도 지금도 생생하게 떠오르는 감정은 내가 얼마나 막돼먹었으면, 그 자상하신 분이 때렸을까 하고 어린 내가 바로 눈물을 그치고 가만히 앉아 있었다는 것이다. 그리고 그 일 이후로 내 안에는 죄책감 같은 것이 무의식에 내재하여 가끔씩 괴롭혔다.

'성질 나쁜 아이라고, 인자한 외할머니까지 화나게

만든 아이라고...'

 이번 사례에서 알 수 있듯 초기성장(만 5세 이전)
과정에 겪은 일이 어른이 되어서도 어린 시절 감정
그대로 따라다니면서 죄책감에 시달릴 수 있다는 것
이다. 그만큼 우리 감정은 자극을 받은 그 시점에 머
물러 있는 경우가 많다. 과거의 경험이 자기 마음에
자리 잡고 있다가 어느 시점에서 그때 그 감정이 올
라오면서 죄책감에 시달리게 할 수 있다.
 여기서 감정두뇌는 우리의 감정에 영향을 준다는
것이며, 감정두뇌는 어린 시절 겪었던 여러 가지 정
서적인 감정 상태를 가지고 있다는 것을 말하고 있
다.

♥요약하기(내용을 요약해서 함께 나눠요.)

♥이 글을 읽고 어떤 느낌이 들었는지 생각해보고, 이와 비슷한 경험이 있다면 함께 나누어 보아요.

♥자신이 어린 시절 경험한 사건으로 인해서 지금도 감정적으로 영향을 받고 있는지 살펴봅시다.

_____

_____

_____

_____

DAY3
너와 나의 상처를 찾아서

아버지 하나님과 주 예수 그리스도께로부터 평안과 믿음을 겸한 사랑이 형제들에게 있을 지어다(엡6:23)

너와 나의 상처를 찾아서

어린 시절 진숙이 사건처럼 감정의 기억 속에 자신이 나쁜 아이라는 생각에 죄책감이 깊게 자리 잡을 수 있다. 그 시기 경험이 지금 현재 사건과 비슷하게 재연되면서 만나게 되면, 당시 감정에 의해 죄책감으로부터 자유로울 수가 없게 된다.

상대방에게 자주 미운 감정이 올라온다는 것은 자기에게 상처를 경험하게 한 예전 당사자, 그때 그 사람과 비슷한 느낌을 불러일으키게 한다거나 지금 일어나고 있는 사건과 당시 비슷한 상황이 연결되어 치밀어오는 감정상태라고 보면 된다. 그리고 그때 그 대상을 미워하면서 또 다른 내 마음에서는 자신을 나쁜 사람이라고 자책한다. 이렇게 될 때에 끊임없이 자신에 대하여 불편한 마음을 갖게 하고, 나쁜 사람 콤플렉스에 시달리면서 자기 자신을 실망스러운 사람이라고 여긴다.

예를 들어 남편이 야근을 자주 하는 직장이라고 할 때, 남편은 야근으로 인해서 마음과는 다르게 귀가가 늦어지게 된다. 아내는 어느 정도까지는 견딜 수 있지만 시간을 더해 갈수록 외롭고 서글프다.

'내가 이러려고 결혼했나, 차라리 혼자 사는 게 날 뻔했어!'

남편이 들어오자마자 짜증을 내기 시작한다. 이런 상황에서 남편이 아내의 심정을 이해하고 받아주면 좋으련만 남편은 피곤하고 힘든 상태에서 그만 버럭 화를 낸다. 이렇게 되면 자신들의 생각과는 다르게 부부 싸움으로 번지게 되고, 한판 전쟁을 벌이고 난 다음 아내는 더 우울해진다. 그리고 아내는 말한다.

'역시 나는 나쁜 여자인가 봐...'

이런 패턴이 바로 전형적인 자기 비하를 하는 타입이다. 착한 남편을 힘들게 하는 난 나쁜 사람이라고 하면서 자책하게 된다. 말하자면 어릴 때 받은 상처가 성인이 되었다고 해도 당시 사건에서 자유로울 수 없도록 나타나 영향을 주고, 그 상처의 그늘에서 허덕이게 한다. 이 부정적인 패턴은 결혼을 하고 난 다음에 더욱 어려운 심리적 상태로 관계의 어려움을 겪게 한다. 심한 경우에는 이혼까지도 불사하게 하는 원인이 될 수 있다.

네러티브

#1

성일이 아빠는 주변 동네 사람들에게 성실하고 책임감이 있는 사람이라고 평이 자자하다. 그런 성일이 아버지도 자신이 주변사람들에게 인정받는다는 게 그렇게 좋을 수가 없다. 성실하고 책임감 있는 성일이 아빠는 평가에 민감한 것 같다. 그런데 인정받는 자신을 돌아보고 그런 자신에게 지지를 하면서 만족하면 좋은데, 그는 끊임없이 잘해야 한다고 채찍질을 한다.

성일이 아빠는 자기가 성실하고 부지런히 사는 게 삶의 목표가 되어 있기 때문에 자기 삶의 철학인 듯 아들에게 강요한다. 근면성실하기 위해서는 부지런해야하고 시간 준수에 철저해야한다. 성일 아버지는 지금까지 살아오면서 마을 사람들에게 인정받은 이유를 틈만 나면 이야기한다.

만약에 조금이라도 게으름을 피운다싶으면 불벼락이 떨어지고 눈물이 나도록 혼쭐이 난다. 약속 시간에 조금이라도 늦는다 싶으면 안절부절 못하고 엄마를 재촉하거나, 자신이 생각한대로 행동하지 못하면 심하다 싶을 정도로 분노를 한다. 약속 시간에 늦으면 당신이 책임지라고 하면서 보통 성화가 아니다. 지켜보는 아들은 불안하고 오히려 자신의 문제도 아닌데 힘들어 한다. 당연히 아들 성일도 시간에 대한 개념이 철저해야 했고, 그렇지 못하면 불호령이 떨어졌다.

성일이가 어른이 되었다. 00교회 청년부에서 자매를 만나 교재를 하기 시작했다. 성일은 자매를 볼 때마다 참 익숙하다는 생각이 들었고, 그렇게 좋을 수가 없었다. 엄마 같고 누나 같으면서 포근한 여성이었다.

성일은 오늘 자매를 만나려고 약속 장소에 시간 맞춰 나갔다. 10분이 지났는데도 자매가 나타나지 않았다. 성일은 짜증이 났다. 상대방이 조금만 늦어도 불안하고 짜증이 나고 그랬다. 성일은 그 이유가 어디서 온 것인지조차 잘 모르고 있었다. 단지 늦었기 때문에 화가 나는 것이다. 그런데 성일은 자매 앞에서 자신의 감정을 숨겼다. 이 정도는 참아야 한다고 자신을 절제하고 다스렸다.

#2

민영 아빠는 평상시에 자상하고 말 수가 적은 사람이다. 그런데 술만 마시면 잔소리를 하고 지적하는 아빠가 싫었다. 제발 아빠가 술 드시고 오시지 않았으면 하는 바람이 간절했다. 하지만 아버지의 술주정

섞인 목소리가 문밖에서 들려올 때면 여지없이 기대하는 마음을 산산이 부숴버렸다. 그렇다고 해서 아빠가 민영이를 손찌검 하거나 체벌하는 건 아니다. 문제는 자기가 억압하고 있던 서운한 감정을 술기운을 빌려 엄마에게 감정적으로 풀어낸다는 게 문제다. 엄마는 그런 아빠를 이해하고 받아줬으면 좋겠는데, 엄마는 더 화를 낸다. 아빠는 점점 감정이 격해지면서 온 가족을 대상으로 잔소리를 하기 시작한다. 그런 날들이 계속 지속되다보니 민영이는 지긋지긋했고, 중학생이 되면서 집을 떠나고 싶다는 간절한 마음이 생겼다.

'이놈의 집구석에서 빨리 벗어나고 싶어!'

민영은 대학에 들어갔다. 집을 떠나 처음으로 독립해서 자신을 위해 준비하고, 심리적 구속에서 벗어날 수 있는 날이 왔다는 것만으로도 새 세상을 만난 것 같았다.
민영은 어려서부터 마음을 의지하고 위로받을 수

있는 곳이 필요했다. 우연히 친구의 소개로 00교회 초등부에 출석하게 됐는데, 선생님의 마음이 따뜻하고 좋았다. 잔잔한 미소로 바라보는 목사님이 너무 좋았다. 민영은 슬프고 힘들 때마다 기도했다. 마음 가득히 채우는 따뜻한 위로가 그녀에게는 힘이 되었고, 탈선할 수 있었던 청소년기에도 자신을 붙잡아 준 교회였다. 안전기지처럼 자신이 의지하고 기댈 수 있는 울타리가 되어주었다. 그녀의 신앙은 오늘의 자신이 있게 한 원동력이라고 해도 과언이 아니다. 그래서 민영은 고향을 떠나 대학에 진학한 다음 제일 먼저 교회를 찾았다.

민영에게 00교회 청년부는 새로운 만남의 장이었고, 신선하게 다가오는 따뜻한 마음의 안식처 그런 곳이었다. 어려울 때마다 주님을 찾았고, 말씀묵상은 잔잔하게 찾아오는 감사와 기쁨이었다. 그리고 소그룹 모임을 통해 청년들과 교제의 시간을 갖게 되었는데, 그때부터 심정의 변화가 일기 시작했다. 시간을 더해 가면서 청년부 분위기에 아주 익숙해지자 어느 날 문득 한 청년, 그 남자 형제가 눈에 들어오기 시작한 것이다. 그 형제만 생각하면 설레고 좋았다. 고요한 풀숲을 거닐면서 이야기를 나누는듯한 그런 느낌의 청년이었다. 나를 바라보는 시선이 참 부드럽고, 지적인 사람이었다. 무엇보다 좋아 보이는 건 술을 마시지 않는 크리스찬이라는 것과 변함없이 따뜻하고 인자할 것 같은 느낌이었다. 그리고 더 신기한 것은 그의 모습과 표정이 참 익숙하고 낯설지 않다는 거다.

'이름이 성일이라고 했지...'

'두 살 많은 그 오빠가 오늘도 부드러운 미소로 나를 바라보고 있다!'

#3
민영이가 요즘 자주 늦는다. 그럴 때마다 불안하고 짜증났지만 꾹 참았다. 화내는 건 남자로서 속 좁은 행동이다. 혹시 화를 냈다가 민영이가 실망하면 둘 사이에 불화가 생겨 멀어질 질 수 있다. 그녀가 너무 좋다. 좋은 모습을 보여야한다. 이제 우리 사이가 깊어졌고, 결혼을 약속했기 때문에 돌다리도 두드리고 간다는 심정으로 인내해야 한다.

성일 오빠는 내가 바라던 바로 그런 남자다. 나를 편하게 하는 미소와 인자하고 너그러운 모습이 딱 내 타입이다. 오늘도 늦게 도착했다. 화장을 하고, 이 옷 저 옷 갈아입다보니 시간이 많이 지체됐다. 그런데 오빠는 웃으면서 나를 맞이했다. 마음 깊은 아빠 같은 그런 남자를 찾고 있었는데, 성일 오빠가 내 앞에 있는 것이다. 나는 너무 행복하다. 오빠는 성격도 좋지만 내가 제일 싫어하는 술을 마시지 않는 다는 것도 그렇게 좋을 수가 없다.

'오늘도 늦을 것 같은데 잘 참아줄까?'

은근히 테스트 하고 싶은 마음이 생겼다. 오늘 테스트에 통과한다면 일생을 함께 할 수 있는 배우자가 될 거라고, 과거의 어두웠던 생활을 탈출시켜 줄 수 있는 그런 사람이 되어 줄 거라고 생각했다.

먼발치에서 오빠를 보았다. 언제나 변함없이 묵묵히 앉아서 나를 기다리고 있다. 듬직하고 포근하고 역시 내가 마음에 그리던 남성상인 것 같다.

#4

결혼 이후,

민영이는 여전히 늦는다. 어디 외출이라도 하려면 화장을 하느라 시간을 많이 허비한다. 게다가 옷을 갈아입는 것도 그렇다. 뭐가 그렇게 복잡한지 점점 짜증난다.

결혼 세 달째 끝내 참지 못하고 화를 내고 말았다.

"당신 때문에 약속 시간에 맞춰 갈 수 없잖아!"

성일은 폭발했다. 데이트 할 때도 자주 늦더니만 이제는 다른 사람과 한 약속도 못 지키게 하는 아내가 너무 밉다. 둘만의 약속이라면 그래도 참을 수가 있다. 하지만 다른 사람과의 약속은 다르다. 신뢰의 문제이고, 타인이 자신을 어떻게 평가를 내리는가에 대한 중요한 문제다. 성일은 그렇게 생각했다.

민영은 당황스러웠다. 전에는 잘 참고 느긋하고 마음 넓은 남자처럼 하더니 이제 와서 역정을 내고 책망하는 그런 남자가 되어 있다. 그렇다면 오빠가 지금까지 나를 속이고 자기 성격을 숨겼다는 것이고, 또 그렇게 생각하니 알 수 없는 우울함과 걱정이 밀려온다.

내가 모르고 있던 오빠의 다른 모습이다. 아빠와 비슷한 모습이 보인다. 화를 내는 것이 마치 어린 시절 아빠가 엄마에게 화를 내는 것처럼 그때와 비슷하다.

결국 둘은 그날 서로에 대한 불만이 커져서 다툼이 있었고, 민영 입장에서는 속았다는 배신감에 불안이 고조된 것으로 보인다. 뭐 딱히 자신이 그런 감정이 생겨서 그랬다기보다 과거의 경험이 민영이의 마음을 아프게 한 것이라고 보는 게 맞다. 이런 과정을 통해 나타나는 감정의 소용돌이가 현재 상황에서 재현되는 것은 과거 어린 시절 경험에서 오는 감정상태의 충돌이다.

 말하자면 민영이는 아빠의 화내는 모습이 싫었고, 이는 아빠보다 성격이 좋은 남자가 자신의 이상형이라고 생각하게 하는 계기를 만들어 주었다 할 수 있다. 술 마시는 아빠가 주사를 부리면 온 집안이 불안에 떨고 우울했다. 그렇게 반복되는 생활은 민영이의 마음을 우울하게 했고, 아빠의 존재가 불편하기만 했다. 하지만 민영이 마음 한 쪽에서는 아빠에 대한 연민도 있다. 멀쩡할 때는 외롭게 있는 아빠의 모습이 그려지기도 했다. 아무튼 아빠 행동을 바꿀 수만 있다면 얼마나 좋을까하는 바람이 지금의 성일을 만나게 된 것이다. (새로운 아빠, 성일이 연인이었고 남편이지만 그녀는 성일을 통해 자신이 이루지 못했던 것을 남편을 통해서 좋은 아빠로 만들 수 있다고 생각했다. 이런 심리는 우리가 의식해서 행동으로 옮기는 것이 아니라, 무의식(의식하지 못하는 내면)에서 진행된다고 보면 된다.)

 반면에 성일은 어린 시절 아버지로부터 시간과 관련한 문제에 직면하면 엄격한 잣대로 지적을 받았다.

이렇게 아버지의 지적이 반복되면서 자연스럽게 학습이 되고, 강박적으로 집착하는 양상을 보이게 되었다. 이런 과정을 거친 성일은 성인이 되어서도 자신도 모르게 불안에 시달리면서 시간에 대한 집착을 하게 된다. 그래서 성일은 시간 약속에 늦기라도 하면 불안하고, 조바심이 나는 모습을 보이곤 한 것이다. 이처럼 어린 시절 경험한 학습된 내용이 주원인이 되어 지금 관계의 갈등을 일으키고 있음을 알 수 있다.

♥요약하기(요약한 핵심 내용을 함께 나눠요.)

```

```

♥상대방의 행동이나 말투 등이 신경 쓰이는 경우, 그 당시 과거 경험한 내용과 연관성이 있을 수 있습니다. 때로는 이성의 어떤 행동을 보면 왠지 그 행위에 불편하고, 미운 감정이나 분노가 올라올 수 있습니다. 만약 이런 감정적인 부분이 있다면, 서로 이야기를 해야 합니다. 함께 나눠 봅시다.

_____

_____

_____

_____

♥만약 문제점을 찾았다면 그 이유가 무엇인지 찾아 봅시다.

_____

_____

_____

_____

♥그 문제의 원인을 알았다면, 서로 상대방의 마음을 이해하고 수용하면서 위로의 말을 전합니다. 그리고 상대방 이야기를 요약해서 전합니다.

_____

_____

_____

_____

DAY4
상 처 보 듬 기

자녀들아 우리가 말과 혀로만 사랑하지 말고 행
함과 진실함으로 하자(요일3:18)

상처 보듬기

 배우자 선택 원리에 대한 이론을 보면 '보완적 욕구 이론' '교환 이론' '자극-가치-역할 이론' '이마고(이미지)에 의한 배우자 선택 이론' 등이 있다.

 첫 번째, '보완적 욕구 이론'은 배우자를 선택하는 기준을 상호보완적 특성에 두고 있다. 남녀는 다른 성격을 지닌 대상에게 호감을 갖게 된다. 이는 서로가 반대되는 성격을 통해 보완해 줄 수 있는 대상이 될 수 있다고 여기면서 이성을 선택한다는 것이다. 예를 들어 자신이 내성적이면 상대방은 외향적인 성격의 사람을 찾거나, 의존적인 성격이라면 다른 상대방은 양육적 돌봄을 줄 수 있는 사람을 택할 수 있다.

　두 번째, '교환 이론'은 자신이 투자한 비용에 비하여 더 많은 이득을 얻고자 하는 심리에서 출발한다. 상대 이성에 대한 판단과 평가를 내리는 기준을 경제학에 두고 경제학의 행동원리에 따라 배우자를 선택하는 이론이다. 남녀는 배우자를 선택하고 결혼을 하고자 하는데, 그 이유가 최대의 보상적인 결과를 얻고자하는 행위에서 기인한다고 본다. 그래서 자신에게 더 많은 것을 경제적으로 보상해 줄 수 있는 이성을 선택한다.

　세 번째, '자극-가치-역할 이론'은 상대 이성의 교환가치에 따라 장점과 단점을 보고, 그 상황에 따라 이성에게 매력을 느낀다. 교제를 할 것인지 말 것인지를 기준 삼는다. 처음 만남이 시작되면서 상대방에게 매력을 느끼고 교제를 시작하는 자극단계를 거친다. 다음으로 매력발산단계에서는 외모, 성품, 명성, 능력 등을 통해서 자질을 보고 평가한다. 이후 가치단계에 들어서면 여러 가지 가치관을 비교하게 되고, 비교한 내용들이 자신이 생각하는 면과 유사할 경우 서로 매력을 느끼게 된다. 마지막으로 역할단계에서 결혼 이후에도 꾸준히 역할을 수행하고 기대한 만큼 잘 진행될 수 있다고 판단을 내리면 결혼을 한다.

　네 번째 '이마고(이미지)에 의한 배우자 선택 이론'은 부모의 이미지와 비슷한 배우자를 선택하는데, 그 이유가 부모와 유사한 이미지를 가진 상대방에게 편안함과 안전함을 느끼기 때문이다. 경우에 따라서는 외모가 부모와 전혀 다른 이미지 일 수 있다. 하지만 가만히 살펴보면 말투나 내면의 상태가 자신의 부모, 특히 이성 부모와 비슷하다는 것을 발견할 수 있다. 예를 들어 이성 부모로부터 상처를 받았을 경우, 그에 대한 문제를 해결하고 보상을 받고자 하는 마음을 다른 이성을 통해서 해결하려고 하는 과정이다. 배우자가 부모의 이미지와 비슷하다고 했을 때, 상대 이성에게서 부모와 비슷한 이미지와 자신이 바라던 이성부모보다 더 개선된 모습을 발견함으로써 원하던 부모의 이미지를 찾아 채우려하고, 자기의 부족한 부분을 보완하고자 하는 심리상태라고 이해하면 된다.

네 가지 선택 이론을 통해 알 수 있듯이 어떤 이론이든 우리가 생각하고 교제를 하는 동안 유사한 원리가 적용될 수 있음을 알 수 있다. 그 가운데 마지막에 설명한 '이마고(이미지)에 의한 배우자 선택 이론'이 부부상담 및 실제 결혼생활에서도 이해를 이끌어내는데 상당한 도움을 주고 있는 편이라 할 수 있다. 필자도 상담 현장에서 여러 가지 이론을 적용하긴 하지만, 다른 이론에 비하여 문제를 분석하는 데에 있어 '이마고 이론'이 무난하기 때문에 '이마고 이론'을 자주 적용한다. 그래서 '이마고'에 의한 이론에 기준하여 자신과 대상을 이해하게 되면, 결혼 전이나 결혼한 부부사이라고 할지라도 사전에 미리 문제를 해결할 수 있는 방법을 모색할 수 있다.

그런데 앞에서 일부 다뤘듯이 문제는 우리가 상대방 이성의 단점을 감지했다고 해도 이미 어린 시절부터 익숙한 경험을 상대방 이성에게 투영하고 있기 때문에 쉽사리 버릴 수가 없다. 오히려 자신이 고쳐서 결혼 생활을 할 수 있다고 생각하는 억지 합리화를 거치게 된다. 이렇듯 결혼 전에는 상대방의 단점을 보완하여 살아가면 될 것이라고 생각하지만, 막상 결혼하고 난 다음에는 배우자의 단점이 보이기 시작한다.

이처럼 배우자의 문제가 보이기 시작하면 예전의 합리화는 온 데 간 데 없고 배우자의 문제라고 탓하게 된다. 어느 순간부터 배우자를 위하겠다는 마음이 자신을 위해달라고 하는 마음으로 변하게 된다. 낭만적인 만남에서 현실이 되는 순간부터 배우자의 단점을 보는 것이다.

네러티브

#1

남편 밥 먹는 모습이 너무 싫다. 게걸스럽게 먹는 모습이 아빠와 비슷하다. 자기만 맛있는 거 먹는 남자, 마치 아빠의 행동을 빼다 박은 것처럼 너무나 흡사하다.

평상시 아빠는 그럭저럭 괜찮은 편이다. 털털하고

마음 좋은 옆집 아저씨처럼 소탈하다. 하지만 음식 앞에서는 주변 사람이 보이지 않는다. 어딜 가든지 우선 자기 앞으로 가져간다. 고기 앞에서는 더 더욱 무서울 정도로 흡입하는 수준이다. 덜 익은 고기를 급하게 자기 앞으로 가져다 놓는다. 그렇게 얄미울 수가 없다. 엄마가 자주 눈치를 주고 이야기 하지만 아빠는 그때뿐이다. 음식 앞에만 서면 똑같은 행동을 반복한다.

 영미는 직장 동료를 만나 교제를 했고, 서로의 호감은 뭐라고 표현하기에는 애매한 묘한 끌림, 마치 자석처럼 서로를 결혼까지 이끌어가는 그런 과정이었다. 영미는 이 남자가 이상할 정도로 익숙하고 편하다. 남자는 이야기를 잘 들어주는 사람이었고, 성격도 서글서글해서 좋았다. 특히 식당에서 밥을 먹을 때, 남자는 자기만 먹지 않고, 나를 배려하면서 반찬을 올려주는 그의 모습이 참 자상하다. 아빠는 그렇지 않았다. 그런 반면에 이 남자는 자기보다 상대방을 배려하는 마음이 좋아 보인다. 점점 빠져들 것만 같았고, 어느새 그 남자가 내 마음에 들어와 있었다.

그렇게 영미는 직장 동료를 만나 결혼을 했고, 꿈같은 신혼생활을 보내고 있다. 그런데 이 남자 연애시절하고 생판 다른 모습을 보인다. 나를 위해주고 아빠처럼 양보하는 너그러운 남자처럼 보였는데, 지금 하는 행동은 전에 보여주었던 모습과는 너무 다르다. 남편이 실망스럽고, 이제 점점 미워지는 마음은 물론이고 단점이 보이기 시작했다. 밥 먹는 게 아빠와 비슷한 것 같기도 하다. 요즘 들어 부쩍 짜증을 내는 나의 모습에 놀란다. 남편 밥 먹는 모습이 싫은데, 그 이유가 뭔지 모르겠다. 그저 먹성 좋게 맛있게 먹는 것 같은데, 그런 그의 모습이 보기 싫다.

#2

형민은 대학을 졸업하고 바로 취업을 했다. 어찌 보면 잘된 케이스라고 할 수 있다. 그는 총무과에 소속되었다. 그곳에서 언제 즈음이라고 말할 것도 없이 어느 순간 눈에 훅하고 들어오는 여자 직원이 있다. 그녀가 상당한 미인은 아니라고 해도 평범한 듯 다소곳한 것이 천생 내 타입이다. 잔잔한 미소로 다가

오는 그 모습에 점점 감정의 변화를 가져오고 있음을 알 수 있다. 가슴이 두근두근 어떻게 표현해야할지 모르겠다. 그런데 그녀가 먼저 말을 건넨다. 참 편안하고 이유 없이 좋기만 하다. 헌데 어떻게 해야 그녀와 사귈 수 있을지 고민만 하다가 시간을 보내는 경우가 대부분이다.

형민은 그녀를 매일 볼 수 있다는 게 행복 그 자체가 되었다. 일을 하다가 무심코 그녀 선배를 본다. 나보다 일 년 먼저 입사한 그녀이지만 나이는 내가 두 살 더 많다.

오늘은 신입사원 환영회를 한다. 입사하고 몇 달이 지난 다음 회식을 하게 되었다. 과장님은 사원들에게 한 명도 빠지지 말고 모두 참석하라고 하신다. 내가 주인공이다. 분명 회식을 한다면 여러 면에서 어렵고 곤란한 상황에 놓이게 될 텐데, 참 난감하기가 이를 데 없다.

우연히 그녀가 내 옆에 앉게 되었다. 나는 술을 못한다. 처음 신입사원이 거절하는 게 힘든 일이지만 나는 거절하기로 마음먹었다. 분명 따가운 눈총이 있을 것이다. 그래도 결단이 필요하다. 그렇게 환영회는 시작되고 생각했던 우려가 현실로 다가오는 순간이었다. 그런데 그때 옆에 있던 여선배가 변호해주면서 위기를 모면하게 되었다.

그녀가 너무 고맙고 내 가슴 깊이 더 다가온다. 그녀도 나와 같은 크리스찬이라는 걸 그때 알았다. 서로 마음이 통하기 시작했다. 점점 익숙해진다. 아니 이전 알고 있었던 사람처럼 그녀 자체가 편안하다. 우리 엄마처럼 포근하다. 우리는 그렇게 교제를 했고, 결혼까지 골인한다.

요즘 그녀가 많이 달라졌다. 내가 밥을 먹고 있으면 자꾸 구박한다. 예전 그녀가 아니다. 어쩌면 좋을지 나를 미워하는 건지 도통 모르겠다. 평상시 다른 상황에서는 괜찮은데, 식사 때만 되면 계속 불편한 감정을 드러내는 그녀가 부담스럽다.

영미와 형민은 자연스럽게 서로에게 이끌려 교제를 하고 결혼까지 성공한 사례다. 이들의 만남은 시작되었고, 교제를 하는 과정에서 주목해야 할 부분이 나타나게 되었는데, 그것은 처음 이마고(이미지)에 의한 끌림이었다는 것이다. 형민은 아내 영미의 포근한 느낌과 배려하는 모습이 마음에 들어오면서 좋은 여자라는 생각을 갖게 되었다. 영미는 아빠에 대한 감정이 깊은 무의식에서 실연[1]하도록 유도하게 했고, 이러한 심리는 형민에게 자신의 생각을 긍정투사[2]하도록 하면서 긍정적인 결과를 낳게 했다. 즉 그녀는 형민이가 아빠와 비슷한 이미지가 있어서 편하고 익숙했다. 또한 아빠에게는 없는, 아빠가 이랬으면 좋겠다고 바라던 모습이 형민에게 있었던 것으로 보인다. 그러다 보니 새로운 아빠에 대한 갈망이 결혼을 통해 실현될 것이라는

---

1) 실연: 과거에 경험했던 내용이나 사건이 지금 현재 그때와 비슷한 상황을 경험하게 되면, 그 사건이나 내용 때문에 정서적으로 힘든 과정을 겪는 것을 말한다. 즉 당시의 상처가 지금 현재 재연되면, 그때의 감정상태에 빠지게 되고, 그로 인해서 어려운 시간을 보내게 된다.

2) 긍정투사: 투사란 내안에 억압된 것을 타인에게 있다고 생각하는 것을 말한다. 그런데 투사는 보통 부정적인 투사를 많이 생각하는데, 긍정투사는 자신 안에 가능성이 있음에도 불구하고 자기의 것을 부정하고 상대방에게 있다고 생각하면서 그 대상을 존경하고 좋아하는 것을 의미한다.

기대가 결혼까지 하게 한 것이다. 그러나 결혼생활은 상대방의 단점을 보게 되고, 사랑하겠다는 마음은 그 반대로 서로가 갈급한 심정을 표현하는 그런 관계가 되어 간다. 자기 자신을 위해 달라고 호소하는 감정상태로 변한다. 이런 과정은 결국 부정적인 생각을 낳게 하고 분노하는 과정으로 이끌어 가게 된다.

♥요약하기(요약한 핵심 내용을 함께 나눠요.)

생각나누기

♥본 장에서 서로 느낀 점을 이야기 해봅시다.

_____

_____

_____

_____

♥상대방 이성에게 이유 없이 분노하는 모습이 있다면, 그게 어디서 그런 감정이 생기게 했는지 찾아봅시다.

_____

_____

_____

_____

♥자신의 상처가 어떤 것인지 좀 더 뚜렷하게 이해하고, 상대방의 아픔이 어디서 왔는지 알게 됐다면, 서로 진지하게 그 문제에 대하여 이야기하고, 내 마음에서 이해하고 수용할 수 있도록 해 봅니다.

_____

_____

_____

_____

DAY5
부모님이
만들어 준 이미지 찾아가기

마땅히 행할 길을 아이에게 가르치라 그리하면
늙어도 그것을 떠나지 아니하리라
(잠22:6)

부모님이 만들어 준 이미지 찾아가기

사람들은 원가족[3] 안에서 나타나는 여러 행동양식, 심리적인 문제 등을 자신도 모르게 무비판적으로 받아들이게 된다. 이는 부모님의 행동양식, 생각, 어떤 심정적 반응 등 부모님의 성향이 내 안에 이미지[4]로

---

3) 원가족이란 자신의 원래 가족을 의미한다. 기혼자의 경우 현재 구성하고 있는 배우자와 자녀가 아닌 결혼 전의 가족을 말한다. 자신과 자기 부모, 형제, 자매, 남매로 구성된 가족이다.

4) 이미지(이마고)란 많은 그림 같은 내용들이 저장되어 있는 것을 의미한다. 이미지는 어린 시절 초기 양육자에 의해 형성된 것인데, 이 시기 양육자가 어린 아이 마음에 상처를 줄 경우, 그 경험한 내용이 감정뇌에 깊게 인상으로 남게 된다. 이때 경험한 내용이 상처가 될 때에 대부분의 기억이 무의식에 자리 잡게 된다. 무의식은 개인의 성격으로

남게 되는 것이다. 이러한 모습은 우리의 삶속에 많은 영향을 끼치고, 특히 부부간의 갈등도 내 안에 만들어진 이미지에 의해서 반응하고 시작된다고 보면 된다. 가령, 아버지의 부정적인 말투가 자녀에게는 자기를 비하하는 말처럼 받아들일 수 있다. 어린 시절 원하지 않는 일을 당하게 된 아들은 결혼 생활에서 그 당시와 비슷한 경험을 하게 될 때에 같은 양상으로 나타나게 된다. 아내의 말투가 지적하는 말투로 들린다면, 이때 남편은 어린 시절 아버지가 자기를 비하하는 말처럼 아내의 지적이 자신을 무시하거나 비난하는 것처럼 들리게 된다. 자신이 부모나 다른 가족에 의해서 상처를 받았던 경험이 지금 부부 사이에 비슷한 상황으로 전개되면서 격한 감정을 표

내면화하면서 주변 사람들과의 관계에서 각자가 독특한 양상으로 표출한다. 마찬가지로 부부 사이에도 이미지(이마고)를 중요하게 다루는 이유는 서로에게 호감을 가지고 끌림에 의한 만남이 지속되었고, 결혼까지 이르게 된 것이다. 때문에 이미지를 다루고, 자신의 성향이 어떤 영향을 받아서 만들어진 것인지 알게 되면, 문제를 해결할 수 있는 실마리를 찾게 되고, 서로 이해하는 폭을 넓힘으로써 건강한 부부관계를 유지할 수 있음을 알 수 있다.

출하거나 자신의 감정을 숨기지만 그 감정 때문에 상처받고 마음에 쌓이게 되며, 갈등의 골이 깊어지게 된다. 이렇게 우리 안에 문제가 무의식에 내재되어 있어서 부부가 상당한 노력을 하지 않고는 알아내는 게 쉽지 않다는 것을 의미하는 것이며, 서로 과거의 이야기를 나누면서 어떤 상황일 때에 불편하고 속상한지 그 이유를 찾아내야 한다는 것을 말하는 것이기도 하다.

부모님의 성향(性向)에서 나의 이미지 발견하기

어린 시절 가정환경이 어땠는지 그 당시 상황을 그리면서 생각하기부터 시작한다. 아버지가 어떤 방식으로 감정을 표출했었는지 기억을 더듬는다. 어머니는 자녀들을 어떤 방식으로 감정을 보이셨는지 생각하고, 부모님의 부부관계가 좋았는지, 아니면 서로 잦은 싸움을 하지는 않았는지, 여러 방면에서 무슨 방식으로 자녀에게 영향을 끼쳤는지를 알아낸다.

나의 긍정적 부정적 이미지 찾기

다음 설명하고 있는 내용이 어린 시절 부모님이 어떤 양식으로 반응을 했고, 자녀에게 어떻게 영향을 끼쳤는지 탐색하고, 정리하면서 이미지를 찾아내는 방법이다. 각자 자신의 이미지를 찾아보자.

부모의 긍정적 성향	부모의 부정적 성향
어머니: 언제나 따뜻한 이미지, 인내하고 희생적인 모습, 긍정적인 생각, 상대방 배려, 신실한 신앙심 아버지: 생활력, 열정, 책임감, 외향적 성격이 관계의 폭을 넓힘.	어머니: 피곤한 모습, 아픔, 정리정돈이 약함, 한숨 섞인 토로와 자식 키워봐야 다 소용 없다고 말하시면 눈치를 보는 나와 죄책감이 나를 압박함. 아버지: 자주 분노함, 자녀에게 자존감이 떨어지게 할 수 있는 부정적인 말을 자주함. 비난에 가까운 지적을 함.

부모의 긍정적 성향	부모의 부정적 성향
어머니:	어머니:
아버지:	아버지:

자신에게 영향을 준 부모님의 긍정적인 성향과 부정적인 성향을 통해 발견한 내용을 통합해서 다음 내용을 참고하여 표에 적어본다.

부모의 긍정적 부정적 성향 발견하고 바꾸기
*나에게 있는 부정적 사고 바꾸기: 　아버지의 분노와 어머니의 한숨이 불안을 준 것으로 보인다. 그 당시 부모님의 표출방식이 자신에게 불안을 가중시키고, 어머니가 떠날 것이라는 막연한 불안을 느끼게 했다. 필자도 가끔 아내가 집에 늦게 들어오는 날이면 불안한 마음을 보였다. 부모님이 부부싸움을 하면, 어머니가 슬픈 표정을 하면서 절망하는 표현과 표정에서 불안을 심하게 느꼈던 당시 일이 회상된다. 　그렇다. 어머니가 떠나가는 것이 아니고, 그때 어머님이 잠시 불편한 마음을 토로한 것이다. 어린 내가 어머니를 전부로 생각하고, 크게 받아들인 것이다. 어머니는 떠나가지 않았고, 우리 곁에 계셨다. 눈을 감고 내 안의 어린 아이를 위로한다. 　"걱정하지 마, 권일아(누구누구야)!" 　"지금 나는 이렇게 컸잖아, 그때 나는 어린 마음으

로 엄마를 바라봤구나, 걱정하지 마, 엄마는 그대로 계셨잖아!"

 이렇게 근심에 찬 그때 내면아이를 만나서 어른이 된 마음으로 이해하고 받아들이면서 화해를 시도한다. 자기 안에 들어와서 하나가 되도록 꼭 끌어안고 받아들인다. 그리고 마지막으로 '사랑해'라고 한다.

*나에게 있는 긍정적인 사고 더 강화하기:
아버지의 생활력과 책임감은 고스란히 나에게 학습되었고, 지금도 어떤 일을 하거나 단체에서 자신의 소임을 다하는 편이다. 앞으로도 자신을 격려하면서 더 개발할 수 있도록 노력한다. 또한 어머니의 헌신과 자상함은 주변 지인들에게 편안한 사람으로 보이고, 온유한 이미지를 통해 친밀감과 관계의 무난함이 있으므로 더 자신의 장점을 개발하여 발전적인 나를 만들어간다.

다음 내용을 읽고 나에게 있는 부모의 긍정적인 성향과 부정적 성향 발견하고 바꾸기

*나에게 있는 부정적 사고 찾아서 긍정적 사고로 바꾸기:

*나에게 있는 긍정적인 사고 더 강화하기:

※내 안에 비합리적 신념(다른 사람은 다르게 생각할 수 있는 건데, 자기가 경험한 내용이 옳다고 사고하는 것을 말함)과 자신도 모르게 반복되는 문제가 어떻게 형성된 것인지를 각 장별 반복을 통해서 알아가게 했음을 깨달았을 것이다. 인내심을 가지고 계속해서 풀어간다면 좋은 결과가 있을 것이다.

♥요약하기(요약한 핵심 내용을 함께 나눠요.)

생각나누기

♥본 장에서 느낀 점을 이야기 해봅시다.

_____

_____

_____

_____

♥자신의 긍정적인 면과 부정적인 면을 발견했다면, 그 내용을 서로 나누고 이해한 다음에 긍정적인 부분을 정리하여 지지해주세요.

_____

_____

_____

_____

♥상대방의 또 다른 상처를 발견하게 되었다면, 그 부분에 대하여 서로 이야기하고, 이해한 내용을 요약해주면서 위로하는 시간을 가지세요.

_____

_____

_____

_____

DAY6
달라도 너무 달라

사랑하는 자들아 우리가 서로 사랑하자 사랑은
하나님께 속한 것이니 사랑하는 자마다 하나님으
로부터 나서 하나님을 알고 사랑하지 아니하는
자는 하나님을 알지 못하나니 이는 하나님은 사
랑이심이라(요일4:7~8)

달라도 너무 달라

'화성에서 온 남자 금성에서 온 여자' 이 책을 필자가 청년시절 읽은 것으로 기억한다. 다시 호기심에 펼쳐보았지만 솔직히 읽고 난 이후의 느낌은 '서로 이해한다는 것은 어려운 일이야!'였다. 참 어려운 게 남녀의 마음이다.

남성의 관점과 여성의 바라보는 관점이 어쩜 그렇게 다른지 놀랍기까지 하다.

여기서 여성의 심리 패턴을 보면 이렇다. 여성들은 불편한 감정이 생기면 꾹 눌러 참고 견딘다. 말하자면 자신의 감정을 표현하긴 하는데 하더라도 그냥 던지는 말처럼 한다. 남자의 입장에서 들으면 단순히 투정하는 것처럼 들릴 수 있다.

어느 연예인이 라디오 프로그램에 나와 이야기하는 걸 들은 적이 있다. 누구라고 말하면 다 알 수 있는 연예인이다. 스케줄에 따라 일을 하다 보니 귀가 시간이 늦어졌다. 늦어지는 시간이 잦아지면서 아내를 독수공방 생과부처럼 지내게 했다고 한다. 그러다가 아이가 태어나고 아내는 육아에 몰입하면서 그 어려운 시간을 혼자 해결해야하는 상황이 되었다. 아내는 남편이 들어올 때마다 힘들다고 내색을 했지만, 그는 자기 아내가 흔히 육아를 하면서 오는 피곤함, 가벼운 우울정도, 투정으로 이해했다.

그러던 어느 날, 그날도 스케줄을 소화하고 있었다. 그리고 어느 정도 시간이 흘렀을 즈음에 한 통의 문자메시지가 왔다.

'여보, 이제 나는 정리를 해야 할 것 같아! 아이하고 행복하게 잘 살고, 뒤를 부탁해...'

너무나 놀란 이 연예인은 집으로 달려갔고, 아내에게 왜 그러는 거냐고 물어보면서 무조건 자기가 잘

못했다하면서 빌었다고 한다. 정작 자신이 무엇을 어떻게 잘못했는지 모르면서 잘못했다고 싹싹 빌었다고 한다.

바로 이런 행동이 남자들의 전형적인 모습이라 할 수 있다. 물론 자신은 그렇지 않다고 말할 수도 있지만 상당 수 많은 남성들이 이런 패턴을 보인다. 아니 알고도 인정하고 싶지 않아서 우기거나 자기 기득권을 포기한다는 것이 불편하고 손해 본다고 생각하는 마음에서 나타나는 모습일 수도 있다.

'그냥 어떻게 되겠지'라는 태도가 돌이킬 수 없는 파탄으로 몰고 갈 수 있다. 여성들은 속상했던 일, 상처받은 일, 시댁에서의 갈등, 남편의 무관심 등 여러 사건들을 통해 불편한 감정을 하나 씩 채워가는 심리적인 면을 볼 수 있다. 기본적으로 여성들은 모성애가 있어서 자녀들을 육아하고 감당할 수 있는 힘이 있다. 하지만 이런 마음도 하나 둘 씩 멍들어가다 보면 느닷없이 큰 일이 터질 수가 있다.

이때 남성들은 아내가 무엇 때문에 그렇게 분노하고, 가슴아파하는지 모르고 자신이 억울하다는 표현만 하고 있을 뿐이다.

남자 알아가기

#1 보편적 남성 사고

남성들은 목표지향적이고, 지배적인 면과 공격적인 성향을 가지고 있다. 경쟁관계에서 우월을 추구하는 경향이 있다. 이들은 친구들과 관계지향적인 면도 있지만, 경쟁구도를 가지고 경쟁관계에 있으려고 한다. 또한 시공간 능력이나 시각 지향적인 면도 나타나며, 때로는 정서적 공감대를 유지하는데 어려움을 느끼기도 한다.

남자들은 상당 수 자기주장을 하려고 한다든지 상대방을 제압하여 주도하려는 습성이 있다. 어떤 문제가 생겨 아내가 남편에게 대화를 하고자 할 때에 남편은 그 문제에 대하여 위로의 말을 전하기보다는 문제해결을 위한 방법을 찾아 문제를 해결하려고 한다. 상대방의 질문이 마치 간섭하려고 한다거나 자신에게 도전하는 것처럼 받아들이기도 한다.

#2 결혼생활에 대한 남성의 사고

남성들은 결혼이 중요하다고 생각하지만 자신의
삶에 있어 전부라고 생각하지 않는다. 퇴근을 하고
집에 들어왔을 때, 남편은 대화를 하려고 하는 것
보다 오히려 대중매체를 통해서 정보를 수집하려고
하는 행동을 한다. 세상에 대한 관심이 더 많다. 잔
잔한 표현보다 큰 것을 해 주는 것이 더 의미 있다
고 생각하는 경향이 있다. 욕구에서도 아내를 성적
인 만족을 주는 대상으로 여기며, 매력 있는 아내,
시댁과 가정에서 조화로운 아내, 살림을 잘하는 아
내가 되기를 바란다. 또한 아내는 자신의 이야기를
늘 경청하고 지지해주며, 칭찬해주는 대상이라고
생각한다. 남성들은 칭찬과 끊임없는 보살핌을 바
라는 욕구가 있기 때문에 여성들의 모성애다운 면
모를 은연중에 바라는 게 남성이기도 하다.

여자 알아가기

#1 보편적 여성의 사고

여성들은 보편적으로 양육적이며, 구체적이다. 그래서 작은 일에 무척 신경 쓰는 것처럼 보일 수도 있다. 이러한 여성의 성향은 세심하게 상대방을 보거나 배려하는 모습을 보인다. 한편으로는 의존적인 면도 있어서 복종적인 태도를 보이기도 한다. 무엇보다 여성은 수용적이고 사람들과 친밀한 유대감을 지향한다. 여성이 관계를 중요하게 여긴다는 것은 서로 정서적으로 유대감을 갖고 싶어 하며, 대화를 통해 소통하는 기쁨을 알고 있다는 것을 알아야 한다. 그러다 보니 감정을 나눈다는 자체가 서로 친밀감을 주고받는 공간이라 할 수 있다. 여성은 촉각이 예민하며, 청각을 통해 느끼고 받아들이는 감수성이 발달되어있다. 그래서 여성들은 소리에 민감하거나 부드러운 대화를 좋아한다. 또한 감정적이고 주관적으로 판단하는 상태에 놓이기도 한다. 말하자면 정서적인 유대관계를 통해 소통이 일어날 때에 다른 면에서도

통할 수 있음을 알아야 한다. 가끔 남성들이 오해하는 부분도 여성들의 이런 심정 때문이다. 그래서 남성은 정서적인 면에서 제대로 이해를 하지 못한 상태에서 접근 자체를 해결중심적, 남성 중심적 논리적 사고로 다가가 대화를 하게 되는 것이다. 결국 동상이몽처럼 서로 다른 방향을 향해서 가게 된다. 이렇게 되면 여성들은 대화를 하거나 자신의 답답함을 하소연해도 말이 안 통한다는 생각이 들면서 점점 불편한 감정만 쌓이게 된다.

#2 결혼생활에 대한 여성의 사고

여성은 결혼이 삶에서 가장 큰 의미라고 생각할 정도로 신중하고, 그만큼 정성을 기울인다. 자녀교육 세미나, 자녀교육프로그램을 찾아서 열심히 수강하는 사람도 보통 여성들이다. 지자체 평생교육원이나 학교 강의에 참석하는 사람들도 여자들이다. 특히 엄마들의 자녀교육에 대한 열정은 남다르다. 또한 여성은 가정과 자녀를 위한 일이라면 자신을 개방한다는 불편함이 따라와도 기꺼이 감수하고 상담을 받는다. 물질적인 부담이 있을 텐데 자녀를 위한 일이면, 그 정도 값을 지불할 수 있는 대담함도 있다. 여성은 결혼을 하게 되면, 가정의 행복이 최대 관심사이기 때문에 서로 모여서 대화하는 내용이 주로 가족에 관련된 이야기이다. 이렇듯 여성은 가족이나 자식에게 마음을 집중시킨다. 반면 남성들이 생각하는 사랑은 마음만 있으면 된다고 생각하고 결과에 집중하는 편이다. 여성은 크기에 상관없이 꾸준한 배려와 표현을 원한다. 즉 여성들은 크기나 양에 따라 점수를 주는 것이 아닌, 있는 그대로 표현할 때마다 받을 때마다 점수를 준다.

남녀의 스트레스 대처와 표현 방식

남성은 고민이나 스트레스 상황에서 골똘히 생각하고, 그 문제를 해결하기 위해서 정신을 집중한다. 이러한 모습은 냉정한 표정을 짓는 것처럼 오해를 살 수가 있으며, 표정에 반응하는 아내에게 불편한 내색을 하는 경우도 있다. 남성은 그런 상태가 되면, 주변에 부주의하거나 상대방에 대한 반응이 별로 없으며, 건성으로 대한다. 남성은 자신의 문제를 해결해야 한다는 생각이 깊어지면 자기만의 동굴에 들어가서 문제해결책을 만들기 전까지 골몰하고 푹 빠져있게 된다. 여성들은 자신과 이야기하고 함께 공유할 때 친밀성을 느끼는 반면 전혀 다른 방법으로 문제해결을 하려는 패턴에서 종종 오해를 불러일으키기도 한다.

상대적으로 여성은 자신의 문제를 들어주는 사람에게 신뢰감이 생기고, 자신을 인정하고 사랑한다고 여긴다. 여성들은 자신이 어려운 고민이 생기거나 자신에게 처해진 일의 문제로 스트레스를 받을 때에 누군가가 지지해주고, 함께 한다는 것만으로도 힘을 얻어 간다.

해결중심적인 남성의 입장에서 바라보는 여성이 답답해 보일 수 있으며, 당장이라도 해결해 줄 수 있는데 왜 그렇게 힘들어 하냐는 식의 접근은 여성에게 있어서 부담스럽고 불편한 마음만 쌓이게 하는 결과를 낳을 수 있다.

여성은 자기 옆에 함께 할 수 있는 동반자가 있다

는 것과 들어주는 것만으로도 행복감을 느끼고 위로를 받을 수 있다. 여성은 함께 들어주고 마음을 주고받는 게 배려이며, 사랑이라고 생각한다. 즉 마음을 읽어주고, 부드럽고 따뜻하게 친밀한 대화를 하는 남편, 순수하고 투명하게 마음을 나누는 남편, 자녀에게 자상하게 다가가며, 관심을 가져주는 남편, 기왕이면 경제적 필요를 공급하고 채워주는 남편을 통해 가장 큰 보람과 사랑을 느낀다.

갈등의 시작점에서 바라보기

남성은 아내나 자녀를 소유하고 있다는 사고가 대체적으로 내재되어 있다. 남성은 서열을 중시하고 경쟁적 사고를 한다. 표면적으로 드러나는 현상을 놓고 따지고, 논리적으로 이야기 할 때, 이를 통해서 우월감을 갖기도 한다. 자신이 논리적인 추론으로 대화에 참여하지 못했다고 생각하면 자존심 상했다는 감정 때문에 힘들어 하기도 한다. 남성은 수치적으로 계산하는 것을 잘하며, 무용담 늘어놓는 것을 좋아한다.

그리고 실수한 것이라든지 자신이 잘못하여 아내를 속상하게 한 일에 대하여 기억을 잘 못한다. 아니 기억하는 것을 불편해한다. 그 중심에는 아내가 원하는 것을 들어주게 되면, 더 많은 것을 양보해야 한다는 심리에서 기인한다는 것과 정서적으로 집안일하는 것을 힘들어 하는 면도 상당부분 차지한다. 또한 남성은 여성보다 정서적으로 다가가서 마음을 만난다는 게 여간 불편한 게 아니다. 그만큼 여성에 비해 상대방 마음을 만나기가 어렵고, 아내가 무엇 때문에 속상해하는지조차 감지하는 것을 어려워한다.

또 다른 한편으로 가부장적인 문화의 연속선이라고 할 수 있다. 아버지와 어머니의 역할이 구분되어 있고, 남성 우월적 사고가 남성들에게 비합리적 사고를 낳게 함으로써 일어난 결과의 산물이다. 여성의 경우 모두가 그런 것은 아니지만 남성중심적인 가부장적인 문화는 어머니에 의해서 그대로 딸에게 전가하고, 이로 인해서 발생하는 불편한 감정은 남성에 대한 비합리적인 사고(신념)를 갖게 하는 원인이 된다. 이런 남성중심에 대한 불편한 감정이 결혼을 하고 난 이후에 그대로 남편에게 연결하는 경우 갈등의 원인이 되기도 한다.

반면에 여성은 앞의 내용에서 말했듯이 정서적으로 접근하여 세심한 배려와 마음을 나누는 것에 의미를 둔다. 자녀와 아내에게 친밀감 있게 다가오는 남편, 그리고 남편의 세심한 마음 씀씀이에 아내는 안정감과 애틋함을 느낀다. 여성은 모성애가 깊어서 웬만한 일에는 잘 참고 견딘다. 그러나 실망하는 횟수가 점점 쌓여 가면 가슴앓이를 한다. 아내는 개선되기를 바라는 마음으로 자신의 감정을 표현하고, 문제에 대하여 말하지만 남편은 계속 흘려듣는 것처럼 보인다.

이런 상황이 반복되다보면 아내가 무엇 때문에 힘들어하는지 감지하지 못한다. 그저 자신이 한 실수가 무엇인지 모르는 상황에서 그 자리를 모면하고자 회피하는 행동이나 방어만 하려하고, 자신의 입장만 말하게 되는 자세를 취하게 된다.

이렇게 되면 걷잡을 수 없는 감정의 표출로 싸움이 시작되고, 갈등이 깊어지는 것이다. 많은 부부가 처음에는 사랑으로 시작하지만 얼마 지나지 않아 앞의 내용처럼 비슷한 양상으로 전개되는데, 결국 그 주된 이유가 남녀의 살아온 배경과 문화와 남녀의 특성에 의해 비롯되었다는 것을 알 수 있다. 필자도 처음 아내와 결혼생활을 하면서 이와 비슷한 일을 겪었고, 많은 내담자들과 상담을 할 때 호소하는 내용이 그와 같은 갈등에서 비롯되는 문제였다.

서로 성장한 배경이 다르다는 것은 남녀가 다른 환경에서 경험한 내용 또한 차이가 있음을 의미한다. 말하자면 비합리적 사고가 각자의 자라난 가정에서 형성되었다는 것을 말한다. 비합리적 사고라는 것은 자신이 겪은 내용이 상대방 배우자와 다른 경험을 했다는 것이다. 다른 경험은 신념처럼 자리 잡게 되고, 그 신념을 기준으로 배우자를 판단하게 된다. 자신의 경험이 옳다고 여기는 남녀는 상대방 배우자를 자신의 방식으로 고치고 싶어 하고 바라보며, 그 기준에 따라 기뻐하기도 하고, 슬퍼하며, 분노하는 다양한 방식으로 감정을 드러낸다. 계속해서 반복된 패턴으로 주고 받다보면 부부간의 갈등을 넘어서 자녀들에게도 부정적 자아상과 낮은 자존감을 형성하게 한다.

 본 장에서는 남녀의 다른 점을 이해하고, 갈등의 원인이 어디서부터 시작되는지에 대한 원인을 찾는데 중점을 두고 있다. 모든 남녀가 다 똑같을 수는 없다. 하지만 어느 정도 일리가 있는 개연성을 가지고 접근해 보았다. 다음 장에서는 갈등의 원인을 풀어낼 수 있는 방법을 다루고, 대화 방식을 연습할 수 있는 장이 될 것이다.

♥요약하기(요약한 핵심 내용을 함께 나눠요.)

♥본 장에서 남녀가 어떻게 다른지 서로 느낀 점을
이야기 해봅시다.

_____

_____

_____

_____

♥갈등의 원인이 어디서 시작되는지 좀 더 깊이 있게 그 원인에 대하여 생각해봅시다.

_____

_____

_____

_____

DAY7
들음은 소중한
사람에게 전하는 사랑 메시지

예수께서 머물러 서서 그들을 불러 이르시되 너
희에게 무엇을 하여 주기를 원하느냐 이르되 주
여 우리의 눈 뜨기를 원하나이다
(마20:32-33)

들음은 소중한
사람에게 전하는 사랑 메시지

네러티브

#1

부모님은 맞벌이다. 그러다보니 저녁 7시가 넘어서 들어오시는 일이 잦았다. 어떤 날은 어머니가 너무 보고 싶어서 버스정류장에 웅크리고 앉아 어둑어둑할 때까지 기다리곤 했다. 기다린 보람이 있다고 어머니가 걸어오시는 모습에 너무 반가워서 크게 엄마를 부르며 다가간다. 자신을 반갑게 맞아주시는 따스한 엄마의 품은 그렇게 좋을 수가 없다. 그런 어머니가 집에 도착하시면 제일 먼저 하는 일이 식사 준비였다. 아버지는 술 한 잔 하시고 들어오실 때가 많았다. 그러면 어머니는 불평 한마디 하지 않고 저녁상을 차리셨다. 그런 어머니를 보면서 '여자는 저런 거구나'라고 자연스럽게 받아들이며 성장하게 되고, 그렇게 학습된 경험은 결혼생활에서 그대로 나타나게 된다.

예를 들어서 아내는 남편이 따뜻한 아빠가 되어 줄 거라 믿고 결혼을 했다. 하지만 남편은 따뜻하기는커녕 리모컨을 들고 밥상 차려오기만 기다리고 있으니 속이 부글부글 끓는다. 아니나 다를까 아내는 두세 달 만에 폭발한다. 아내의 분노하는 모습에 남편은 적반하장 더 큰소리로 화를 낸다. 이것은 자신이 경험한 내용이 신념처럼 인지하고 있기 때문인데, 이를 비합리적 사고[5] 또는 신념이라 한다.

---

5) 비합리적 사고: 비합리적 사고는 어려서부터(초기성장과정) 부모나 다른 주변 환경에 의해 경험하는 세계가 마치 자신의 생각이 옳다고 판단하는 사고(생각) 또는 그 반대로 잘못된 일을 자신이 경험한 내용으로 기준삼아 생각하는 것을 비합리적 사고라 할 수 있다. 이는 자신의 경험이 옳은 것이라고 여기고 그 경험한 내용을 신념으로 받아들이는 것을 의미한다. 즉 신념은 자신만의 경험을 고집하게

어머니는 언제나 참고 수용하고 헌신하는 그런 분이다. 그런 어머니의 모습을 경험하면서 아내에 대한 신념이 만들어지는데, 이렇게 되면 여자 또는 아내는 자신을 이해하고 참고 포용적인 어머니 같은 그런 사람이어야 한다고 생각하면서 아내에 대한 비합리적 신념을 갖게 되는 것이다.

#2

존재감을 확인하고 싶어서 끊임없이 사랑을 확인하고 싶어 하는 아내가 있다. 엄마가 너무 완벽한 것을 추구한다든지 칭찬에 인색한 사람은 자녀를 애정결핍 또는 인정욕구에 목마른 사람으로 길러낼 수 있다. 그런 그들의 자녀는 깊은 내면에서 '나를 사랑해 주세요.'라고 외친다.

아빠는 무뚝뚝하고 권위적인 사람이다. 그러다보니 아빠는 집에서 하는 일이 텔레비전 시청 또는 식사하는 거다. 살림은 대부분 엄마의 몫이다. 딸은 그런

되고, 다른 의견이나 생각을 받아들이지 못하고 자신의 것만이 옳다고 믿는 것을 말한다.

아빠를 보면서 자상한 남자를 간절히 바라게 된다. 그렇다고 아빠가 싫다는 것이 아니다. 단지 아빠가 좀 더 변했으면 하는 바람이다. 그러다가 딸은 성장하여 남자친구를 만나게 된다. 그 남자는 아빠처럼 듬직해 보이면서도 개선된 아빠처럼 보였다. 말하자면 그 남자는 자상한 친구였고, 생활에서도 근면한 사람이었다. 때로는 너그럽게 자신의 실수를 덮어주었다. 그래서 이 남자가 내가 바라는 사람이라고 생각한다. 물론 좀 더 잘생기고 보기에도 남들이 선망하는 직장을 갖고 있는 사람이라면 더 근사했을지 모르지만, 나름대로 자신의 기준에 도달하는 남자여서 괜찮은 짝이라 생각했다.

　그런데 결혼 이후에 그 남자는 180도 바뀐 사람이 되어 있었다. 정말 보기 싫었던 아빠의 행동을 남편이 하고 있는 것이다.

　남편이 감정표현 하는 것을 어려워하고, 무뚝뚝한 모습을 보이는 반면, 아내는 그럴수록 굶주린 아이처럼 더욱 대화가 필요했다. 자상하고 부드러운 사랑을 원했다. 이건 정말 자신이 바란 그런 게 아니었다.

제발 나를 부드럽게 사랑해달라고 외치고 있지만, 오히려 남편은 사랑을 꼭 말로 해야 하냐고 얼버무린다. 그렇게 아내의 바람은 실망이 되어 돌아오고, 어떻게 그럴 수 있느냐고 속상함을 표현하지만, 분노하고 있는 자신만 감정의 도가니에서 허우적거린다.

위의 등장하는 커플은 서로를 필요로 해서 결혼을 하게 된 사례이다.

그녀는 남자친구의 타입이 왠지 익숙해서 편했다. 그런 모습에 은근히 끌리기까지 했다. 남자친구의 모습에서 어렴풋이 아빠의 모습이 떠올려진다. 그에게서 느껴지는 감정이 묘하다. 분명 이전에 경험한 마치 트라우마 같은 것이 불편함으로 올라오지만, 정작 당사자인 자기는 아니라고 부정한다. 이정도면 고쳐 쓸 수 있을 거라고 막연한 자신감을 갖는다. 그녀는 그렇게 애써 희석하면서 결혼을 한다.

그녀가 참 좋다. 부드럽고 따뜻하다. 엄마와 비슷한 느낌이라서 그런지 그녀가 자신에게는 익숙하고 친근감 있게 다가온다. 그녀는 엄마처럼 따뜻하고, 어설픈 행동을 탓하지 않고 품어준다. 외모도 그럭저럭 봐 줄만 했고, 조용하고 따뜻한 것도 좋았지만 무엇보다 배려하는 그녀의 마음이 그렇게 좋을 수가 없다. 그 어떤 것을 준다 해도 바꾸고 싶지 않은 그녀다.

처음 만남에서부터 이해할 수 없는 끌림 같은 게 있었다. 어디서부터 이런 감정이 생겼는지 알 수 없다. 하지만 그런 상대방 이성이 마냥 편하고 끌린다. 뜨거운 만남이 아니라도 친근감에 서로가 점점 익숙해진다.

이것은 앞에 장에서 다뤘던 이마고에 의한 친근감과 이끌림이라 할 수 있다. 이마고 그러니까 서로의 마음에 자리 잡고 있는 이미지는 상대방에게 호감을 갖게 하는 원인이 된다. 이후 결혼을 한 남녀는 서로가 너를 위해 살겠다고 다짐하던 마음에서 나를 사랑해달라고 호소하는 상태가 된다. 자신이 바라던 사람을 만났기 때문에 채우지 못했던 것을 채워야겠다고 보채기 시작한다. 결국 이러한 반복은 결핍 증상처럼 채움에 대한 욕구로 갈망하다가 점점 서로를 원망하게 되고, 불평과 분노가 쌓이면서 감정의 골이 깊어지게 된다.

여기서 여성과 남성은 태생부터 기질적으로 다르다는 것을 알아야 한다. 여성들이 대화하는 내용을 가만히 들어보면 남성들이 나누는 대화와 사뭇 다르다는 것을 알 수 있다. 이야기 꺼리가 다르다.

여성들은 어떤 느낌 같은 내용을 말하고 정서적으로 교감하면서 기쁨 슬픔 아픔 등을 표현하고 나눈다. 반면에 남성들은 정서적 교감과는 다르게 목표, 관계, 성취, 서열, 과시 등에 중점을 두는 경향이 있다. 이처럼 여러 가지 면에서 주 관심사가 많이 다르다.

이러한 다름이 주는 이질감이 갈등의 한 원인이기도 하고, 남녀가 자라온 배경을 통해서 배운 삶의 방식이 부딪히게 하는 원인이 되기도 한다. 결국 정서적으로 다른 면과 서로가 갈망하는 내용이 다르기 때문에 문제를 일으키게 된다는 것을 알아야한다.

한 가지 예를 더 들어보면, 남녀가 갈등을 일으키는 주 원인 중에 하나가 가사 분담이다. 접근 방식은 이렇다.

"여보, 예원이 목욕 좀 시켜줘~"

".........."

"여보, 예원이 목욕 좀 시켜달라니까!"

"나중에 하면 안 돼? 오늘 하루 종일 시달리고 왔다고!"

"나도 하루 종일 청소하고, 아이들 돌보느라 고생했다고, 다른 집 남편들은 잘 도와준다는데 당신 너무해요! 솔직히 자기가 집에 있으면서 쉴 수 있는 시간도 있고, 좀 배려 같은 거 뭐 그런 게 있어야지! 결혼하면 뭐든지 잘 해줄 것처럼 하더니, 당신 어쩜 이렇게 돌변할 수가 있어요?"

그 외에도 서로 다르기 때문에 겪는 어려움은 여러 면에서 충돌을 일으키게 한다. 이와 유사한 상황들이 반복되면, 불만과 원망으로 갈등이 깊어지고, 자신의 입장에서 해석하고, 자기 뜻에 따르지 않는 배우자를 비난하게 된다. 결혼 초반부터 상대방 탓을 하면서 점점 더 갈등이 깊어지고 부부싸움이 잦아진다. 그래서 보통은 결혼 3년 안에 일차 위기를 맞게 된다. 참고로 다음 장에서는 남녀의 다른 점이 무엇이며, 서로가 왜 그렇게 다른지 그 원인을 밝히고 깊이 있게 다루고자 한다.

결혼의 행복한 단꿈은 생각보다 빨리 깨지고, 현실이 되어 다가오며, 남성과 여성의 특성이 단점처럼 부각된다. 이는 서로가 다른 가정환경 가운데 성장하면서 이미 그 삶에 적응한 상대 배우자는 자기가 경험한 것을 기준으로 배우자를 판단하게 된다. 결국 이 문제는 입장차가 되어 서로 부딪히게 되는 것이다. 그런데 정작 서로는 무엇 때문에 갈등이 커지는가에 대하여 명료하게 이해하지 못한 상태로 아쉬움과 갈등과 분노로 감정 표출을 한다.

우리는 앞 장들에서 남녀가 왜 다른 것인지, 자신이 성장한 배경이 성격형성에 어떻게 영향을 끼치게 됐는가에 대하여 이해했을 것이다. 그렇다면 점점 갈등이 깊어져 가는 상황이 전개된다고 했을 때에 우선 우리가 취해야 할 행동이 있다. 바로 'I message'이다. 즉 '나 메시지'를 표현하는 방법을 익혀야 한다. '나 메시지'가 서로를 이해하고, 가급적 갈등을 줄이고 행복한 가정을 꾸릴 수 있는 대안이라 할 수 있다. '나 메시지'를 삶에 적용하기 위해서는 경청에 대하여 이해할 때에 좀 더 유연하게 연결할 수 있고, 소중한 상대방에게 자신의 마음을 전달할 수 있게 된다.

'경청' 바로 알기

일본 에도시대 '도쿠가와 이에야스(德川家康덕천가강)'는 경청을 잘했다고 한다. 그가 영주로 있던 시절 한 농부가 찾아와서 '도쿠가와 이에야스'에게 열심히 무엇인가를 이야기 하고 있었다. 농부의 이야기를 끝까지 들은 이후에 알았다고 말하고 그를 내보냈다. 그들의 이야기하는 모습을 지켜보던 가신이 '도쿠가와 이에야스'에게 물었다.

"주군, 어찌 저리 천한 자의 이야기를 끝까지 들으십니까? 그냥 내치시지 않고요!"

"어허 내가 그 농부 이야기를 듣지 않고 내치면 그 다음에는 자네들이 나에게 사소한 내용을 말할 수 있겠나? 작은 소리도 귀담아 들을 때에 자네들도 더 가까이 다가오는 거라네."

이 이야기는 '도쿠가와 이에야스'의 일화로 전해지고 있는 미담이다. 그런데 여기서 상대방의 이야기를 정성껏 들어준다는 것은 자신을 소중하게 여기고 인정한다는 의미를 담고 있음을 알 수 있다. 자신을 소중하게 생각하고 인정해 주는 사람에게 더 많은 이야기를 하고, 정보를 나눌 수 있다. 그만큼 경청은 사람의 마음을 편하게 해주고, 사랑받는 다는 느낌을 주는 방법이다.

소설 '모모'에서도 경청의 중요함을 내포하고 있다. '모모'는 그리 똑똑한 사람도 아니며, 특별한 능력을 지닌 사람도 아니었다. 그저 평범한 아이였을 뿐이다. 그런 소녀에게 손님이 끊이지 않았다. 왜 그 아이에게 끊이지 않고 손님이 찾아오는가 했더니, '모모'는 상대방의 이야기를 끝까지 경청을 하고 있었고, 그녀와 함께하는 사람들은 자신이 소중한 사람이라는 사실을 깨닫게 했기 때문이다. 이렇듯 경청이 주는 효과는 놀랍기까지 하다.

여기서 물론 경청하면 단연 '예수'시다. 예수께서는 공생애 기간 들음으로 사람의 마음과 육신을 어루만지셨다. 야이로의 딸을 고쳐달라고 할 때도 예수께서는 상대방의 사연을 들음으로써 사람을 소중히 여기신다는 뜻을 전하셨고, 그의 이야기를 들으시고 치유까지 행하신다. 이러한 패턴은 치유사역하시는 과정에서 흔히 나타내셨다.

대표적으로 부르짖음에 대한 들으심으로 화답하시는 예수님을 볼 수 있는 내용이 '마20:29-34'이다.

"그들이 여리고에서 떠나 갈 때에 큰 무리가 예수를 따르더라 맹인 두 사람이 길 가에 앉았다가 예수께서 지나가신다 함을 듣고 소리 질러 이르되 주여 우리를 불쌍히 여기소서 다윗의 자손이여 하니 무리가 꾸짖어 잠잠하라 하되 더욱 소리 질러 이르되 주여 우리를 불쌍히 여기소서 다윗의 자손이여 하는지라 예수께서 머물러 서서 그들을 불러 이르시되 너희에게 무엇을 하여 주기를 원하느냐 이르되 주여 우리의 눈 뜨기를 원하나이다 예수께서 불쌍히 여기사 그들의 눈을 만지시니 곧 보게 되어 그들이 예수를 따르니라"
(개역개정 마20:29-34 요절 인용)

맹인 두 사람이 예수님께서 지나가신다는 소식을

듣고 그들이 소리를 지르기 시작했다. 엄밀히 따지자면 그 당시 맹인이라 함은 천한 신분이다. 그런 맹인들이 현자에게 소리소리 지른다면 그건 바로 제재를 당하거나 주변 관련 있는 사람들에게 낭패를 볼 수 있는 상황이다. 실재로 31절 말씀을 보면 '무리가 꾸짖어 잠잠하라 하되 더욱 소리 질러 이르되 주여 우리를 불쌍히 여기소서 다윗의 자손이여 하는지라' 이 말씀에서 알 수 있듯이 무리가 꾸짖고 있음을 말하고 있다. 즉 예수께서 들으시고 개입하지 않으면 어려운 상황에 처할 수 있는 분위기이다. 이런 처지를 이해하시고 그들의 간청을 들으시고 문제를 해결하시는 주님을 통해서 들음, 즉 경청하시는 예수님의 모습을 통해 사람을 소중하게 여기시는 주님의 깊은 마음을 알 수 있다.

이렇듯 경청은 상대방의 감정을 수용하는 것이며, 나에게 소중한 당신이라는 무언의 메시지이다. 또한 상대방의 마음을 이해하고 심중에 있는 내용을 알아차림으로써 마음을 깊이 만날 수 있는 출발이다. 들음으로써 상대방이 왜 그런 말을 했는지 무엇이 불편한 감정을 불러일으켰는지 이해할 수 있다. 그리고 경청을 진지하게 할 때에 상대방은 자신이 소중한 사람, 존중받는 사람이며, 이를 통해서 사랑받는 사람이라는 감정을 느끼게 한다.

짝지를
존중하는 마음으로 듣는 경청의 태도

일생을 함께하는 사람은 하나님이 짝지어 준 내 반쪽이다. 이렇게 소중한 배필을 향한 마음을 전하는 방법이 경청이다. 경청을 잘 한다는 것은 상대방이 너무 소중해서 그의 마음 하나하나 놓치지 않고 헤아리겠다는 의사표현이기도 하다. 이러한 경청은 배우자의 깊은 속까지 이해할 수 있는 출발점이라 할 수 있다. 이렇게 경청을 하기 위한 바람직한 태도는 다음과 같다.

첫째, 말하는 상대방의 얼굴을 바라본다. 눈을 정면으로 뚫어져라 바라보는 것이 아니라, 지그시 바라보면서 나에게 당신은 소중한 사람이라는 마음을 전하는 것이다.

둘째, 대충 듣는 자세는 상대방에게 불쾌함을 전달한다. 경청을 할 때는 진지한 자세로 듣는다. 사람마다 취하는 자세가 다르기는 해도 간혹 팔짱을 끼거나 다리를 꼬고 듣는 경우가 있는데, 이것은 바람직하지 않은 자세이다. 오히려 상대방이 무시당한다는 느낌을 받을 수도 있다.

셋째, 진지하게 들으면서 한편으로는 유연한 자세를 보여야 한다. 이렇게 유연한 자세를 취한다는 것은 조바심을 가지지 않으면서 상대방으로 하여금 편안한 마음을 갖도록 유도할 수 있다.

넷째, 경청을 하다가 가끔 자신의 몸을 상대방 말하는 사람 쪽으로 기울인다. 상대방의 이야기를 듣기 위해서 앞쪽으로 기울이는 자세를 취하면, 말하는 이는 자신의 말을 귀 기울인다는 생각에 존중받는 느낌이 들고, 자신이 소중한 사람이라는 메시지를 받게 된다.

이렇듯 경청은 서로를 이해하고, 마음으로 지지하

며, '나에게 당신은 소중한 사람입니다'라며 존중의 마음을 전달하는 과정이라 할 수 있다. 또한 경청을 하기 위해서는 고도의 집중이 필요한데, 그 이유는 말하는 사람보다 듣기를 5배로 빨리 들을 수 있기 때문이다. 그러다보니 상대방의 이야기를 듣다가 다른 생각을 하거나 넘겨짚을 수 있어서 그만큼 주의 집중력을 요구한다.

♥요약하기(요약한 핵심 내용을 함께 나눠요.)

_____

♥경청이 필요한 이유가 무엇인지 서로 이야기 해봅
시다.

_____

_____

_____

_____

♥경청의 태도를 여러 번 읽고 마음에 되새겨 봅시
다.

_____

_____

_____

_____

DAY8
배우자는 엄마 아빠가 아니다

유순한 대답은 분노를 쉬게 하여도 과격한 말은
노를 격동하느니라 지혜 있는 자의 혀는 지식을
선히 베풀고 미련한 자의 입은 미련한 것을 쏟
느니라(잠15:1~2)

배우자는 엄마 아빠가 아니다

소용돌이는 물이 뱅글뱅글 돌면서 원심력이 생기고, 그 힘에 의해 허우적거리다 빠져나올 수 없는 상태까지 만든다. 마치 이런 원리처럼 서로가 경험한 내용을 토대로 생활의 규칙이나 자신만의 기준을 만들어놓고, 그렇게 자기만의 틀을 내세우게 될 때 다툼이 일어나게 된다. 서로 말싸움을 하다보면 감정의 격한 반응에서 허우적거리게 되고, 그런 상태가 될 때에 소용돌이처럼 서로 빠져나오지 못하고 감정적으로 대립하게 된다.

다음 예를 들어보면 감정의 패턴이 어떻게 돌아가면서 더 깊이 감정적으로 빠져들어 분노하고 서로 상처를 주는지 알 수 있다.

"자기야, 나 오늘 병원에 갔었어…"

"응, 그래 의사가 뭐라고 해?"

"손으로 하는 일을 많이 해서 류마티스 관절염이 된 거라고 하네."

"그럼 고생하지 말고 그만두면 되잖아!"

"그만두면 되는 거 나도 알지, 그걸 누가 몰라서 말하는 거냐고!"

"그래서 나보고 어떻게 하라고 그러는 거야! 걱정해 줘도 뭐라 하고 정말 비위 맞추기 힘들다!"

"다시 말해봐! 결혼할 때는 너그러운 척은 다하더니 고작 그거였어, 그런 거야? 그깟 마음 위로해 주는 게 뭐가 힘들다고, 그것도 가슴이라고 남자가 좁아터져서 정말!"

"뭐라고 말 다했어? 속은 건 나야!"

"우리 엄마는 너처럼 하지 않았어. 그냥 참고 넘겼다가 기회가 되면 말씀하시곤 했는데, 어떻게 된 여자가 그딴 식이야!"

"자기 엄마하고 비교하지 마, 난 자기 엄마가 아니라고!"

흔히 일어날 수 있는 감정의 대립이 이런 식으로 전개된다. 서로가 살아온 방식이 있다. 남편은 자신이 어릴 때부터 학습된 내용이 있는데, 그 내용이 일상생활에 그대로 반영되는 경우가 많다. 아내 입장에서도 마찬가지로 자신이 경험한 삶의 방식이 판단의 기준이 되거나 남편을 평가하게 된다든지 비하하는 말을 하게 된다.

바로 이때 감정의 패턴이 어떻게 돌아가는지 알아차려서 감정의 소용돌이에 빠지지 않고 이겨낼 수 있는 방법이 '나 메시지'를 전하는 심정대화이다.

심정대화는 경청을 통한 상대방의 심정을 만나주는 대화라고 할 수 있다. 심정(心情)은 한자가 가지고 있는 의미 그대로 마음과 정서를 뜻한다. 정서를 뜻하는 정은 마음속에 있는 정서를 말하는 것이며, 경청을 통해 마음에 있는 정서를 알아차리고 느끼는 상태이다. 이는 서로의 정서적 상태를 이해하고 공감함으로써 상대방에게 따뜻함과 배려, 친밀감을 가지고 아껴주는 마음이다.

그렇다면 다음으로 심정대화를 어떻게 풀어내는지 위의 사례의 대화 내용을 가지고 예를 들어보면 다음과 같다.

"자기야, 나 오늘 병원에 갔었어…"

"응, 그래 의사 선생님이 뭐라고 해?"

"손으로 하는 일을 많이 해서 류마티스 관절염이 된 거라고 하네."

이때 많은 사람들, 특히 남성 입장에서는 자신을 만나 고생해서 '류마티스'가 됐다고 자기 문제로 가져가게 된다. 성숙하고 건강한 배우자라면 심정적으로 느끼는 정서 자체를 만나고 위로하는 마음을 보여준다. 하지만 문제의 소지를 내 탓이 아닌 것이라는 심정으로 방어하는 입장이 될 때에 책망이나 내 탓으로 해석해서 받아들이고 급기야 부부싸움을 하게 된다. 그래서 이러한 감정의 소용돌이를 벗어나는 '나 메시지'는 다음과 같이 한다.

"의사 선생님이 류마티스라고 진단했어?
어쩌면 좋아, 걱정되네. 많이 아팠겠다. 자기가
아프다고 하니까 걱정이 되면서 날 만나 이렇
게 된 건 아닌지, 미안한 마음이 앞서고, 얼마
나 아프고 힘들까하는 생각이 드네."

여기서 여성들은 문제해결에 초점을 두는 게 아니
라, 마음을 만나주고 위로해주는 배우자의 심정적 만
남을 원하는 게 대체적으로 여성, 아내의 바람이라고
생각하면 된다. 그런데 남성들은 방어적인 마음의 상
태이거나 하나의 문제가 생기면 문제해결 중심으로
생각하기 때문에 정서적인 만남이 어렵고, 다툼의 시
발점이 되는 것이다.

심정나누기 연습

"자기야, 집안일을 계속 하다보니까 문득 나만 하는 것 같아 속상하고 기분이 나쁜 것 같아. 마치 내가 이렇게 살려고 결혼했나 싶고 마음이 우울하네. 나 좀 도와주면 안 될까? 내가 지금 많이 힘이 드네."

지금 아내는 '나 메시지'로 자신의 심정을 풀어내고 있다. 여기서 '나 메시지'는 말을 전할 때 너 때문이라는 의미를 넣어서 전하지 않는다. 자기 자신의 의미를 넣어서 '나는 무엇무엇 때문에 마음이 이래.'라는 방식으로 전달해야 한다. 아내의 메시지를 들은 남편도 똑같은 표현으로 다음과 같이 반응하면 된다.

"나는 자기가 그렇게 말하니까 마치 나를 존중하지 않는 것처럼 들리네. 웨딩큐티를 하면서 알게 된 건데, 아마 아버지가 가부장적인 모습을 보이면서 설거지 하는 것이라든지, 집안 일 하는 걸 여자 몫이라고 생각했던 것 같아. 그러다보니 자연스럽게 당신이 하는 거라고 생각했던 것 같네. 한편으로는 당신이 나를 존중하지 않는 것처럼 느껴지기도 하고 앞으로 더 노력할게."

 남편의 입장에서 '나 메시지'로 자신의 심정을 잘 풀어내고 있다. 이때 아내는 남편의 어떠한 비합리적인 생각을 갖고 있는지 알 수 있다. 남편은 성장 배경에서 자신이 경험한 내용을 기준으로 행동하고 있었다는 것이다. 이렇게 되면 아내는 남편이 왜 그런 모습을 보여야만 했는지 하는 자기가 이해한 심정을 전하면 된다.

"그랬었구나, 자기가 살아온 배경을 알고 나니까 왜 그런 모습을 보였는지 알 수 있을 것 같아! 앞으로 자기를 이해하는데 도움이 됐고, 나도 당신에게 보채듯이 말하지 않고, 부탁하는 말투로 말할 게. 하지만 나도 사실 무조건 당신을 이해하고 다 받아줄 수는 없어. 우리 아빠는 자상한 편이었거든, 그러다보니 비교하는 내 자신이 있네. 당신한테 아빠가 되어 달라는 건 아니지만 내 마음만큼은 그렇구나 하고 알아주고 서로 노력하면 어떨까?"

지금까지 처음 남녀가 만나 결혼까지 가는 여정에는 몇 가지 과정을 거치게 된다. 서로가 끌리는 이미지가 있고, 그러한 이미지는 갈망하고 있는 부족한 부분에 대한 채움의 대상이라고 생각한다. 그래서 상대방으로부터 자기의 부족한 부분을 채워줄 것이라는 기대를 갖게 된다. 이후 연애를 하는 동안 단점을 발견하기도 하지만 자신은 정작 그 단점을 보기보다 단점을 채워줄 수 있다고 과신하거나 고쳐서 생활하겠다는 자신감을 갖는다. 결국 이러한 과정 이후에 결혼은 현실로 다가오면서 실망의 장이 된다. 서로를 위한 만남과 삶이 결혼 후에는 서로가 갈망하는 것을 채워달라고 보채는 심리적 문제를 보이기 시작한다. 이는 갈등의 원인이 되며, 서로에게 불만이 쌓이게 되고, 상대방을 비난하는 지경에 이르게 된다. 이때 불거질 수 있는 문제를 지혜롭게 헤쳐 가는 방법이 심정대화이다.

♥요약하기(요약한 핵심 내용을 함께 나눠요.)

생각나누기

♥요약한 내용을 생각하면서 느낀 점을 서로 나눠봅시다.

_____

_____

_____

_____

♥예문에 나온 내용을 가지고 서로 심정대화를 해 봅시다. 여러 번 연습하면 더 좋겠지요.

_____

_____

_____

_____

DAY9

남녀가
알고 있는 동상이몽 '성'

내 사랑아 너는 어여쁘고 어여쁘다 네 눈이 비둘기 같구나 나의 사랑하는 자야 너는 어여쁘고 화창하다 우리의 침상은 푸르고 우리 집은 백향목 들보, 잣나무 서까래로구나 (아1:15~17)

남녀가 알고 있는 동상이몽 '성'

성경이 말하는 '성'의 의미

결혼을 하고 난 다음 서로 이해하기 힘들어 하고, 갈등을 일으키는 또 다른 원인 중에 하나가 부부의 '성'이다. 오죽하면 이혼하는 문제가 '성격차이'가 아니고 '성적차이'라고까지 하겠는가, 그만큼 올바른 '성'인지가 얼마나 중요한지 이혼을 통해 현대사회 부부의 성생활을 대변하고 있다. 이러한 성적인 문제를 바로 인지하고, 그에 따르는 성의 중요성을 깨달음과 함께 바른 성경적 사고로 부부의 '성'을 정립해야 한다.

이러므로 남자가 부모를 떠나 그 아내와 연합하
여 둘이 한 몸을 이룰 지로다 아담과 그 아내
두 사람이 벌거벗었으나 부끄러워 아니하니라
(개역개정 창2:24~25)

　'연합한다'의 뜻은 원문에서 '지속하다, 고착되다,
붙어있다'는 의미를 내포하고 있다. 말하자면 서로가
연합하여 하나가 되는 것이며, 엄밀한 의미로는 '성'
을 뜻하는 것이라고도 할 수 있다. 하나가 된다는 것
은 친밀한 연합이며, 부부간의 성적인 결합은 하나님
께서 주신 커다란 선물이다. 이것은 단순한 육체적
결합의 의미를 넘어서 영적 연합이며, 정신적 결합이
고, 자녀를 낳는 과정이기도 하다. 성행위를 통해서
서로의 깊은 사랑의 확인이고, 긴밀한 연합이며, 하
나님의 사역에 동참하는 가정사역이다. 이렇듯 '성'이
말하고 있는 뜻이 그만큼 크다 할 수 있고, 부부가
마음과 육체가 하나 되지 않고는 결혼생활을 온전한
관계로 발전시키는 과정 중에 어려움을 겪을 수 있

다는 것을 알아야 한다.

남녀의 생득적 '성'

'달라도 너무 달라' 6일째 장에서 일부 다뤘던 자기개발서 중에 '화성에서 온 남자 금성에서 온 여자'가 남녀의 다름을 잘 말해주는데, 남녀가 느끼고 말하고 받아들이고 정서적으로 교감하는 방식이 어쩜 그렇게 다를 수가 있는지 당황스럽기까지 하다. 조금만 주의를 기울여보면 여성이 생각하는 내용과 받아들이는 내용이 다른 세상에 있다가 만나서 나누는 이야기처럼 주고받는다는 것을 감지할 수 있다. 이처럼 다름이라는 뜻이 남성이 가지고 있는 특성과 여성이 가지고 있는 특성을 이해할 때에 좀 더 현실적인 입장에서 접근하고 느끼며 받아들일 수 있게 된다. 이렇게 정서적인 면에서 교감하게 되면, 남녀 사이에 다른 성의 입장을 그의 입장에서 조명하고 서로의 필요함을 어떤 식으로 풀어내야 할지를 알아차리게 한다.

남성은 성적욕구를 자주 느낀다. 보통 20-30대의 성적욕구는 2~3일 정도에 주기적으로 찾아올 수 있다. 아니면 그보다 더 자주 찾아올 수 있다. 피곤하면 성욕이 감퇴할 수 있지만 대체적으로 일주일에 2~3번 정도 또는 그 이상의 욕구를 갖는다고 보면 된다. 반면에 여성의 경우 배란기에 따라 반응하는 차이가 있다. 여성에 따라 다를 수 있지만 대체적으로 배란일에 성적반응이 더 나타난다고 볼 수 있다. 이렇게 볼 때에 남성은 일주일에 여러 번 성적반응을 보이는 것에 비해 여성은 한 달에 한두 번 정도의 욕구를 갖는 편이라 할 수 있다. 최근 여성호르몬 에스트로겐의 한 형태인 '에스트라디올'이라는 호르몬의 수치가 올라가고 난 다음 2일 후에 성적욕구가 높아졌다는 연구 결과가 있는 것을 보면, 생득적인 면에서 성욕의 원인을 찾을 수 있음을 짐작할 수 있다.

또 다른 연구에서 '로이 바우마스터 교수'는 테스토스테론이라는 성호르몬에 기반을 두고 성적욕구의 차이점을 말하고 있다. 남성의 혈액에 있는 테스토스테론이 여성의 혈액에 있는 테스토스테론 성호르몬보다 8배 이상 많다는 것을 그의 연구에서 밝히고 있다. 사실 남녀 모두에게서 남성호르몬과 여성호르몬을 분비하는데, 그 중 남성호르몬테스토스테론의 분비되는 양의 차이가 성적욕구를 일으키는 비율의 차이를 보인다고 한다. 여기서 성적욕구에 영향을 끼치는 테스토스테론의 분비량이 적은 여성은 더 많은 시간을 두고, 부드러운 교감을 통해 마음을 열게 해야 한다. 이것은 여성이 남성보다 테스토스테론의 분비량이 적어서 성적흥분도가 더디게 올라오기 때문이다. 이렇듯 남성과 여성의 성적 욕구의 차이를 이해하게 되면, 서로가 성적만족감을 통해 부부가 더 건강한 삶을 영위할 수 있게 된다.

이러한 남녀의 성호르몬에 기반을 두고 심리적인 요인까지 연결하면 다음과 같다. 남성은 즉각 반응, 원초적 욕구에 따라 나타나는 성욕이 욕구해소를 위한 행위로 나타난다. 그렇기 때문에 여성의 입장에서는 매너가 없고, 자기중심적으로 해결하려는 것처럼 보일 수 있다. 여성은 서서히 정서적으로 몰입할 수 있는 분위기가 되어야 마음이 열리는데, 그런 여성의 특성을 이해할 수 없는 게 남성들이기도 하다. 남성 호르몬은 배출의 욕구를 갖게 하는 성욕을 일으키고, 이에 따라서 배출을 함으로써 긴장을 해소하려는 적극적인 자세를 보이는 것이다. 하지만 여성은 마음이 열려야 육체가 열리는 경향이 있다. 그러다보니 남성처럼 적극적인 행동보다 수동적인 모습을 보이고 더디게 반응을 하다가 사랑의 감정이 느껴지고 마음이 열리면서 섹스를 할 수 있다는 것을 알아야 한다.

심리요인에 의한 '성'

여성의 정서는 육체적인 결합에 있어서 정서적으로 마음이 열리지 않으면, 육체의 반응이 미온적이고 성교를 원하지 않는 자세를 취한다. 반면에 남성은 여성을 대하는 태도 면에서 남성만이 가지고 있는 왜곡된 성인지가 있다. 말하자면 남성은 여성이 자신들처럼 성적인 욕구를 쉽게 느낄 수 있고, 자신의 욕구처럼 여성은 쉽게 응할 수 있다고 생각한다. 자신이 적당한 애무와 접근만으로도 욕구가 올라올 수 있다는 생각을 하기도 한다. 또한 시간을 오래 이끌어 가면서 관계하면 만족할 수 있다는 왜곡된 성지식을 가지고 있다. 힘이 세고 자신의 중요한 부분이 클수록 여성은 만족할 것이라는 생각을 하는 남성들도 있다. 하지만 이러한 왜곡된 성에 관한 지식이 얼마나 잘못된 성인지를 하고 있는지 깨달아야 한다.

 앞에서 언급한 남성호르몬 테스토스테론이 여성에게는 남성의 1/8 수준이라는 것을 알아야 한다. 강렬하게 성에 대한 욕구를 느끼는 남성에 비해 여성은 그 욕구가 8배 부족하다고 본다면, 여성은 그만큼 마음으로 시작해서 육체로 간다는 것을 이해해야 한다. 여성은 상대적으로 남성보다 심적으로 수동적인 자세를 보인다. 성에 대해서 소극적인 여성에게 어떤 방식으로 접근해야 하는가를 간접적으로 말하고 있다. 성급하게 아내에게 다가가는 것보다 부드럽게 다가가서 준비가 된 아내에게 마음과 육체의 하나 됨을 정서적으로 부각시키고 교감을 나눠야 한다. 남성은 순간의 자극과 쾌감을 원하지만 여성들은 오르가즘을 원하는 만큼 느낄 수 없어도, 아내를 배려하면서 다가올 때에 여성은 남편과 심정적으로 하나가 되고, 함께한 그 과정만으로도 깊은 사랑의 감정을 나눌 수 있다.

그리고 다른 심리적인 면은 여성이 육아에 지쳐 있을 때다. 첫째를 낳고 어느 정도 키운 후에 둘째를 낳게 되었을 때에 아내는 육아에 혹사당한다고 보면 된다. 첫째 아이 키우기도 벅찬데 둘째 아이를 감당하려니 여간 힘든 게 아니다. 더군다나 첫째 아이가 한참 호기심 발동하고 어디로 튈지 모르는 나이가 된 상태에서 둘째 아이까지 키우려니 힘이 더 드는 것이다. 그러다 보면 아내는 지쳐있고 지친 몸을 달래기 위해 잠을 자야하는데, 그때 남편은 자신의 욕구를 풀어달라고 다가온다. 또 다른 심정에서는 임신에 대한 두려움도 있다. 그렇기 때문에 아내는 싫어서가 아니라, 그저 쉬고 싶은 심정만 있을 뿐이다. 그래서 남편은 아내의 심리적인 면을 잘 이해하고,

거절감을 느끼기 보다는 아내의 현재 상태를 잘 받아들여야한다. 많은 부부가 심적으로 불만이 생기고, 갈등의 골이 깊어가는 시기 중에 하나가 이때이기 때문이다.

지금까지 성경이 말하는 성, 생득적인 면에서 말하는 성, 그리고 심리요인에 의한 성을 살펴보았다. 성경에서 말하는 성은 단순한 육체적 결합이 아니며, 영적인 연합, 정신적인 결합이라고 성경은 말한다. 또한 성경은 성을 자녀를 낳기 위한 과정이며, 하나님의 계획에 있는 가정공동체의 이룸이라는 것과 하나님의 사역에 동참하는 가정사역임을 피력하고 있다. 성은 단순한 쾌락 이전에 하나님의 계획에 있는 아름다운 공동체의 연결이며, 시작이라고 해도 과언이 아니라 할 수 있을 정도로 성의 중요성을 전하고 있다.

이처럼 성의 중요함은 부부간에 서로의 성에 대하여 깊이 이해하고, 여성의 심정을 이해하고, 남성의 심리적인 측면을 이해하고, 알아가는 정도에 따라 건강한 부부, 즉 하나님 계획에 있는 가정공동체를 이루어가는 것이라 할 수 있다.

  하나님께서 정해주신 배우자를 위한 배려는 서로가 다른 성을 이해하는 것이며, 상대방이 무엇을 원하는지 생각하고 접근하며, 다른 성, 인체의 신비에 대하여 배우고 부부생활에 적용하는 삶이 될 때에 행복하고 보람된 결혼을 영위할 수 있다.

♥요약하기(요약한 핵심 내용을 함께 나눠요.)

♥요약한 내용을 생각하면서 서로가 무엇이 다른지 상대방의 성을 이야기해 봅시다.

_____

_____

_____

_____

♥남녀의 성이 다르다는 것을 알았다면, 어떻게 준비하고 접근해야 하는가를 빈 공간에 적어가면서 되새겨 봅시다.

_____

_____

_____

_____

♥성경이 말하는 남녀 성의 의미를 서로 이야기해 봅시다.

_____

_____

_____

_____

DAY10
서로 돕는
배필(配匹) 그리고 행복 두 배

그러나 너희도 각각 자기의 아내 사랑하기를 자신 같이 하고 아내도 자기 남편을 존경하라 (엡5:33)

서로 돕는
배필(配匹) 그리고 행복 두 배

또 여자에게 이르시되 내가 네게 임신하는 고통을 크게 더하리니 네가 수고하고 자식을 낳을 것이며 너는 남편을 원하고 남편은 너를 다스릴 것이니라 하시고 아담에게 이르시되 네가 네 아내의 말을 듣고 내가 네게 먹지 말라 한 나무의 열매를 먹었은즉 땅은 너로 말미암아 저주를 받고 너는 네 평생에 수고하여야 그 소산을 먹으리라 땅이 네게 가시덤불과 엉겅퀴를 낼 것이라 네가 먹을 것은 밭의 채소인즉 네가 흙으로 돌아갈 때까지 얼굴에 땀을 흘려야 먹을 것을 먹으리니 네가 그것에서 취함을 입었음이라 너는

흙이니 흙으로 돌아갈 것이니라 하시니라
(개역개정 창3:16~19)

성경은 사람의 불순종으로 인하여 남자는 흙으로 돌아가는 날까지 얼굴에 땀을 흘려야 하며, 여자는 출산의 고통을 더 크게 느끼고, 육아를 통한 수고까지 해야 하는 의미를 담고 있음을 암시하고 있다.

그런데 여기서 더 확대하여 생득적인 면을 연결해 보면, 남녀가 함께 살아가면서 겪는 관계의 어려움을 이해할 수 있는 단서를 찾을 수 있다.

생득적인 특성

9장 '남녀가 알고 있는 동상이몽 성'에서 '테스토스테론'이 남성과 여성 모두에게 있지만, 특히 남성에게서 8배 이상 분비되고 있을 정도로 남성성을 특징 짓는 호르몬이라 설명하고 있다.

'테스토스테론'의 순기능이라고 한다면, 남성이 두려

움을 딛고 용기를 내게 하는 힘의 상징이다. 반면에 역기능적인 면을 보면, 용기가 지나쳐서 자신을 과시하고자 할 때에 거칠어지거나 단순하고 자기중심적인 행동으로 나타나기도 한다. 또한 '테스토스테론'은 근육을 강화시키고, 남성의 생식기와 전립선에 중요한 역할을 하지만, 충동적이거나 무모한 도전을 하게하는 것도 '테스토스테론'의 영향 때문이다. 그렇기 때문에 남성은 경쟁적이며, 공포를 적게 느끼고, 어떤 상황에 대하여 과격하거나 단순하게 접근하기도한다.

심리학자 '사이먼 바론-코헨' 교수에 의하면 '테스토스테론'의 농도가 여아보다 남아가 높아 남아는 성장기를 통해 뇌가 수학과 과학에 더 소질이 있도록 발달할 가능성이 높다고 주장한다. 그러나 이러한 긍정적인 면에는 부작용이 따르게 되는데, 이 호르몬은 여성에 비하여 공감능력이 떨어지게 하는 원인이 된다.

여성은 '에스트로겐' '프로게스테론'이라는 호르몬이 있다. 이 두 호르몬은 생식주기를 조절하는 역할을 하고, 프로게스테론은 임신을 유지하게 하는데 필요하다. 말하자면 2차 성징과 임신부터 아이를 낳기 위한 필요한 호르몬이다. 그러다보니 남성호르몬인 '테스토스테론이' 남성에 비하여 훨씬 적게 분비되고, 에너지를 생성하는 게 남성보다 약할 수밖에 없다. 반면에 여성은 정서적 공감능력이 뛰어난데, '에스트로겐'의 영향이 정서적으로 잘 공감할 수 있게 하고, 수용력을 키울 수 있게 한다. 이렇듯 여성은 심리적 안정감을 기본으로 유지할 수 있으며, 사랑의 호르몬이라고 하는 '옥시토신'을 분비하면서 육아에 적합할 수 있도록 최적화한다. '옥시토신'은 자궁수축 호르몬이라고도 하는데, 이 호르몬은 분만을 원활히 할 수 있도록 하며, 유즙분비를 촉진시켜 준다. 또한 평상시에는 사랑의 묘약이라고 할 정도로 친밀감을 느끼게 한다. 그래서 '옥시토신'은 아기를 사랑하고 헌신적으로 육아를 할 수 있게 하는 호르몬이며, 아내가 남편을 대할 때 모성애를 느끼면서 대하는 것도 이 호르몬의 영향을 받기 때문이다. '옥시토신'은 '세로토닌'이라는 호르몬의 분비를 활성화시켜주는 역할을 하기도 하는데, '세로토닌'은 불안을 감소시켜주고, 분노보다 안정을 유지할 수 있도록 하여 정서적 안정감을 유지하게 한다.

이 '옥시토신'은 엄마와 아기의 관계에서만이 아니라, 남녀 사이에도 밀접한 연관성이 있다. '옥시토신'이 여성에게만 분비되는 것이 아니며, 남성에게도 '옥시토신'과 유사한 '바소프레신'이 분비된다. 그런데 '바소프레신'이 분비되기 위한 조건이 있다. 자신이 사랑받는 다는 느낌, 스킨십 등이 있을 때에 분비되는 맹점(?) 같은 그런 조건이 있다. 그렇기 때문에 부부는 이러한 원리를 잘 활용하여 서로 스킨십을 하고, 포옹을 하면서 존중하는 마음으로 함께하면, '옥시토신'을 분비할 수 있도록 환경을 만들어 사랑의 호르몬을 촉진시켜 간다.

앞에서 설명했듯이 남성 옥시토신 '바소프레신'과 여성에게 분비되는 '옥시토신'이 부부사이에 정이 생기고, 애틋한 마음이 자랄 수 있도록 만들어 가는 동력이 된다. 즉 사랑하는 사람과 함께 있을 때 행복해지는 이유가 일정부분 신경전달물질에 있음을 알 수 있다.

생득적 특성과 성경의 연관성

앞에 서술한 내용을 다시 정리해서 남성과 여성의 특성을 이해하면 다음과 같다.

남성은 '테스토스테론'이 근력 강화를 하는 역할을 한다. 이는 점진적으로 근육이 발달하고 힘을 쓸 수 있는 성인 남성으로 성장하게 한다. 말하자면 농사를 짓거나 목축, 또는 사냥을 하는데 유리하도록 특화된다는 것을 의미한다. 하지만 '테스토스테론'은 힘을 얻게 하지만 남성호르몬은 정서적으로 공감하거나, 정서적으로 상대방의 마음을 이해하는 면에서 어려움을 겪게 하는 주원인이기도 하다. 그러다보니 아내가 자신의 심정을 아무리 이야기해도 사고중심, 해결중심으로 처리하려고 하는 모습을 보인다.

여성은 여성호르몬 '에스트로겐'과 '프로게스테론'이 여성성을 더 발달하게 한다. 이는 여성호르몬이 임신을 하고, 태아가 잘 성장할 수 있도록 만드는 역할을 한다. 그런데 여성호르몬은 남성에 비하여 근력이 약하다. 남성호르몬이 근력을 강화하게 하는 반면에 여성호르몬은 정서적 공감과 육아를 잘할 수 있도록 특화시키지만 근력을 강화시키고 외부 활동, 그러니까 힘을 쓰는 일에서 어려움을 겪을 수 있는 신체를 갖게 한다. 또한 여성은 자궁수축을 하여 아이를 밖으로 밀어내 출산해야 하는데, '옥시토신'이라는 신경전달물질이 이 역할을 담당한다. 그리고 '옥시토신'은 출산하고 난 이후에 젖을 물리고, 육아를 감당할 수 있도록 한다. 그래서 '옥시토신'을 육아를 할 수 있도록 힘을 주는 사랑의 호르몬이라고도 하는 것이다.

이렇듯 남성과 여성은 처음 출생에서부터 서로가 다른 장·단점을 갖고 태어났다고 할 수 있다.

그렇다면 하나님께서 우리 인간을 창조하실 때에 남성과 여성의 뚜렷한 특징을 주시고, 특화하게 한 이유가 무엇일까? 그것은 하나님의 뜻 안에 있음을 깨닫게 하고자 하시는 그분의 계획이 있음을 알리고자 하시는 것이다. 다시 말해서 남녀의 다른 점을 갖게 하신 이유가 성경의 원리에 부합한다 할 수 있다.

부부가 연합하여 하나가 된다는 것은 인간이 서로 다른 사고체계를 이해 수용하고, 사랑함으로써 하나님 나라의 작은 실천의 장을 만들라는 명령이시기 때문이다.

다음 에베소서 5장22절부터 25절 말씀을 보면,

"아내들이여 자기 남편에게 복종하기를 주께 하듯 하라 이는 남편이 아내의 머리 됨이 그리스도께서 교회의 머리 됨과 같음이니 그가 바로 몸의 구주시니라 그러므로 교회가 그리스도에게 하듯 아내들도 범사에 자기 남편에게 복종할지니라 남편들아 아내 사랑하기를 그리스도께서 교회를 사랑하시고 그 교회를 위하여 자신을 주심같이 하라" (개역개정 엡5:22~25)

그리스도께서 교회의 머리 됨과 같다 하시고, 남편을 가정의 머리가 된다고 하신 것은 그만큼 가정이 교회공동체의 기초가 된다는 의미를 부여하심이다.

그래서 교회공동체의 작은 실천 장인 가정에서 질서가 지켜지기 위해서는 존중하고 배려해야 한다는 뜻임을 알아야 한다. 그렇다고 무조건 복종을 요구하는 남편은 그리스도의 심정으로 아내를 이해하고 사랑하는 마음이 아니다. 사랑은 그리스도께 하듯 더욱 정성을 다하여 아내를 아끼고 사랑하며, 섬기라는 말씀이기 때문이다. 그것은 자신이 자기의 문제를 알아가고, 노력하여 상대 배우자의 마음을 만나주고, 대화를 통하여 문제를 해결하는 과정이다. 그만큼 서로가 얼마만큼 노력해야하며, 자신의 부족한 면을 인정해야하는가를 말씀하신다.

네러티브

#1
다음 사례를 읽고 남녀의 다른 점을 이해하는 폭을 넓혀보자.
혜린이는 청년부 모임에서 신실한 청년 영민을 만

났다. 그녀는 영민이 오빠가 능력과 자상함을 겸비한 괜찮은 남자라고 생각했다.

둘은 약 2년의 열애 끝에 교회의 많은 분들로부터 축복을 받으며 결혼을 한다. 하루하루가 꿈만 같았고, 남편 영민 오빠가 그렇게 좋을 수가 없다. 뒷모습만 봐도 너무 좋다. 그렇게 행복한 시간이 흘러 임신을 하게 된다.

혜린은 소중한 아이를 위하여 조심조심 애틋하고 간절한 마음으로 열 달을 지켜냈고, 드디어 출산을 한다.

영민은 새로 태어난 아이를 위해서 열심히 일한다. 가족을 위해서 온갖 여러 어려운 일을 감수한다. 영민은 실력 있는 회사의 일원이 되려고 무던히 견디고, 갈고 닦는다. 실력에서 밀리는 건 자존심 때문에 있을 수 없는 일이고, 더구나 아내와 아이를 위해서라도 열심히 경쟁한다.

퇴근을 해야 하지만 주변 눈치가 보인다. 아니 일을 마무리하지 않는다는 것은 근무태만이 될 수 있다. 책임감 없는 직원은 경쟁에서 밀릴 수 있다. 오늘도 일이 많이 밀려있다. 마무리를 하고 퇴근하면서 시계를 보니, 9시를 가리킨다. 영민은 지친 몸으로 집에 들어간다.

남편이 늦게 들어오는 날이 잦다. 하루 종일 아이 보는 일이 쉽지가 않다. 남편이 들어오기만 바라면서 아이와 씨름을 한다. 젖을 물리고, 기저귀를 갈아주고, 아이가 보채면 달래느라고 진땀을 흘린다. 새벽에 아이가 울면 바로 알고 힘든 몸을 달래면서 아이를 안고 젖을 물린다. 끝이 없는 육아가 힘이 든다. 하지만 우리 아이가 그렇게 예쁠 수가 없다. 예전 혜린이는 응석부리는 딸이었는데 어디서 그렇게 깊은 마음이 나오는지 알 수 없지만 너무 사랑스럽다.

혜린은 남편을 보면서 너무 기뻐 한달음에 다가간다. 그리고 영민에게 위로의 말을 듣고 싶었고, 우리 아이를 위해서 무엇인가 해 주기를 바란다. 어느 정도 시간이 흘렀을까, 영민은 텔레비전 앞에 앉아있다.

혜린은 아이를 씻기기 위해 목욕물을 준비하고 있

다.

"자기야, 아기 목욕시켜야 하는데, 좀 도와줘!"

"........."

"자기야, 수건 갖다 줄래?"

"아, 힘드네. 맘 편히 있을 수가 없어!"

영민은 마지못해서 억지로 움직인다. 그런 영민의 행동을 지켜보던 혜린이는 당황스럽다. 실망이 점점 커져간다.

'시간이 지나면 나아지겠지...'

하지만 좀처럼 나아질 기미가 없다. 남편의 이런 패턴은 계속해서 반복된다.

#2

또 다른 사례를 보면 남성과 여성이 얼마나 다른 정서를 가지고 있는지 더 잘 드러난다.

혜린과 영민은 결혼생활 7년 차가 되었다.

보람이와 성찬이 남매를 낳았다.

보람이는 어린이집 6세 사슴반에 배정되어 잘 다니고 있다. 내일 보람이는 소풍을 간다. 엄마 혜린은 아이의 소풍을 위해 마트에 가서 유부초밥 재료를 샀다. 보람이가 좋아하는 유부초밥을 싸려고 한다. 그런데 유부초밥은 미리 만들기가 어렵다. 일찍 준비하면 상할 수 있기 때문이다. 그래서 엄마 혜린은 새벽같이 일어나서 보람이 도시락과 남편, 성찬이가 먹을 수 있는 유부초밥을 준비했다.

남편은 아침에 일어나서 웬 유부초밥이냐고 한마디 하고, 먹는 듯 마는 듯 대충 먹고 출근한다. 아내가 어떻게 준비했는지, 맛있다는 둥, 관심을 바랬지만 그러기는커녕 아내가 어떤 마음으로 어떻게 고생했는지 알고 싶어 하지도 않는 것 같다.

위의 혜린과 영민의 사례를 보면서 느껴지는 부분이 있는지, 그것이 무엇인지를 인지해야한다. 여기서 혜린과 영민의 행동의 원인이 무엇 때문인지를 파악해야한다.

　앞에서 다루었던 내용에서 알 수 있듯 남녀가 타고난 것에서 비롯된 다른 성향이 갈등을 일으킬 수 있음을 알아야 한다. 남편은 밖에서 일하는 것을 자연스럽게 소화하고 감당해낸다. 마치 사냥터에서 힘을 쓰고, 농사를 짓고, 고된 일을 감당해내는 것처럼 말이다. 그렇지만 정서적으로 마음을 만나고 따뜻하게 어루만지면서 감내하는 육아에 약할 수 있다. 남성호르몬 '테스토스테론'이라는 것을 앞에서 우리는 이미 어느 정도 이해의 폭을 넓혔다. 말하자면 남성은 경쟁 속에서 일을 해내는 것을 잘 해낸다. 입장을 바꿔서 보면, 여성은 직장생활을 힘들어 할 수 있다. '에스트로겐'은 근력 강화보다는 육아에 더 특화되어 있기 때문이다. 또한 '옥시토신'이 자연스럽게 흘러나온다. 이는 육아를 더욱 잘 할 수 있도록 한다. 반면에 부드러움의 다른 이면에는 여성에게 없는 불편한 진실이 있다. 이는 경쟁관계, 도전, 힘을 필요로 하는 곳에서는 어려움을 겪을 수 있다. 즉 근력이 떨어지다 보면 경쟁관계와 힘을 필요로 하는 일에서 어려워 한다는 것이다. 필자도 상담 현장에서 느끼는 부분인데, 남성과 여성의 다른 점이라든지 각자 고유의 특성을 통해서 나타나는 차이점이 앞의 설명한 내용을 증명하고 있음을 말하고 싶다. 물론 직업 중에도 여성에게 잘 맞는 분야가 있다. 그 나름대로 잘 감당할 수 있지만, 대체적으로 버거워하는 여성의 심리적인 역동을 볼 수 있었다.

결국 남녀는 다르다는 것이다. 다르다는 것을 빌미로 서로의 입장을 주장하기보다 다르다는 것을 이해하고, 상대방 배우자의 마음을 수용하고 몇 배의 노력을 통해 어려움을 극복해야한다. 이는 그리스도 안에서 서로를 배려하여 하나님나라를 이루는 작은 공동체가 되기를 바라시는 그분의 뜻이기도 하다.

성경이 의미하는 남녀의 관계

남녀가 하나가 되는 원리 중에 신경전달물질의 신비와 생득적, 이후 부모 또는 주변 배경에 의해 형성되는 생래적 특징이 하나님의 뜻을 깨닫게 하는 일면이라 해도 과언이 아니다.

서로의 다른 면을 인정하고 발견하라 하시는 의미에 부합한다. 결국 남녀가 다르다는 것을 인정하고, 자신의 부족한 면과 배우자의 약한 면을 받아들이고, 보완하면서 더욱 건강한 가정을 이루게 된다면, 서로 돕는 관계를 넘어 행복이 두 배가 된다.

"누구든지 언제나 자기 육체를 미워하지 않고 오직 양육하여 보호하기를 그리스도께서 교회에게 함과 같이 하나니 우리는 그 몸의 지체임이라 그러므로 사람이 부모를 떠나 그의 아내와 합하여 그 둘이 한 육체가 될지니... 너희도 각각 자기의 아내 사랑하기를 자신 같이 하고 아내도 자기 남편을 존경하라" (개역개정 엡5:29-33)

성경 말씀은 예수께서 사람을 양육하고 보호하신 것처럼 서로 하나가 되는 데까지는 이해하고 수용하고 노력하고 헌신해야함을 시사하신다. 서로 연합하여 하나의 결합한 육체가 된다는 것을 의미하고 있음을 인정해야한다. 그래서 남편의 다른 점과 고유의 특성을 극복하고 아내를 배려하면서 더 가까이 마음을 만나는 것과 아내도 남편을 이와 같이 사랑하는 마음으로 섬길 수만 있다면, 서로 연합하여 아름다운 부부가 될 것이라 확신한다.

예수님을 닮아가는 모습이 곧 성화되어 가는 과정이라고 성경은 현재의 우리에게 계시하고 있다. 그런데 부부가 사랑하고 섬기는 마음으로 연합하지 않고, 온전한 가족공동체를 이룬다는 것은 모순이 아닐 수 없다. 내 아내를, 내 남편을 위해서 노력하고 상대방의 마음을 헤아리는 그 자체가 섬김으로부터 나오는 것이며, 진정한 사랑이 아니고는 그 뜻 안에 머무는 가정이 될 수 없음을 말씀하고 있다. 이렇듯 부부가 섬기고 사랑하는 마음은 예수님을 닮고자 하는 마음으로부터 나오는 것이며, 그만큼 부부는 하나님의 뜻에 따라 실천하는 작은공동체가 되는 것임을 유념해야한다.

※'알콩달콩 속사정 프로젝트 10일'은 점진적으로 자신 안에 있는 내적인 문제를 풀어갈 수 있게 하고, 그로 인해 나타나는 문제를 해결할 수 있도록 기법을 다뤘다고 할 수 있다. 하지만 경우에 따라 어려움을 겪은 사람 중에는 스스로 벗어나는 것이 버거울 수 있다. 우리의 마음이 건강해야 작은공동체를 잘 이루어 갈 수 있지만 한계에 부딪힐 수 있다는 것이다. 만약 이렇게 서로 노력을 함에도 불구하고 한계를 느낀다면, 용기를 내어 가까운 상담소에서 상담을 의뢰하는 것도 좋은 방법이라 할 수 있다.

♥요약하기(요약한 핵심 내용을 함께 나눠요.)

```
┌─────────────────────────────────────────┐
│                                         │
│                                         │
│                                         │
│                                         │
│                                         │
│                                         │
│                                         │
└─────────────────────────────────────────┘
```

생각나누기

♥남녀의 신경전달물질을 열거하고, 그 역할을 설명
해 보세요.

_____

_____

_____

_____

♥남녀가 다른 이유가 무엇인지를 함께 이야기 해 봅시다.

_____

_____

_____

_____

♥이 장에서 말하고자 하는 내용이 무엇인지 함께 나눠 보세요.

_____

_____

_____

_____

같은 마음 우리 사랑 VS 다른 마음 끔찍한 우리 사랑

알콩달콩 속사정 프로젝트 10일

펴낸날 · 초판인쇄   2019년 4월 1일
     · 초판발행   2019년 4월 3일
지은이 · 신권일
펴낸이 · 신권일
디자인 · 윤명숙   편집 · 양영희
펴낸곳 · 에듀지에스피
주 소 · 경기도 평택시 조개터로16번길 10
대표전화 · 031-654-8022 / 팩스 · 031-654-8023
출판등록 · 제2018-000010호

홈페이지 · www.igsp.co.kr
이메일 · skowi@hanmail.net
총 판 · 하늘유통

ISBN 979-11-960651-4-0
정가 11,800원